Snow Man

俺たちの絆

プロローグ

2021年1月20日に発売されたSnow Manの新曲『Grandeur』が発売初週で80.2万枚を売り上げ、オリコン週間シングルランキングで初登場1位を獲得した。

「昨年10月7日に発売したセカンドシングル『KISSIN' MY LIPS/Stories』は初週売り上げ91.8万枚。デビュー曲の『D.D./Imitation Rain』(Snow Man vs SixTONES)からカウントすると、3作連続で初週売り上げ80万枚超えを記録したことになります。ちなみにこの楽曲は皆さんもご存知の通り、テレビ東京系で放送中のアニメ『ブラッククローバー』のオープニングテーマ曲です」(音楽雑誌ライター)

デビュー曲でミリオンセールスを記録したのは〝Snow Man vs SixTONES〟が史上初(132.8万枚)。

さらに3作連続での〝初週売り上げ80万枚超え〟も、Snow Manが史上初の快挙を達成した。

「ジャニーズの先輩たちは、デビュー曲からのシングルチャート初登場1位の連続記録を多くのグループが継続中です。昨年末の時点で1位KinKi Kids 42作連続。以下、2位Hey! Say! JUMPの28作、3位KAT-TUNの27作、同数4位NEWSとKis-My-Ft2の26作など。Snow Manは作品数こそまだまだ足元にも及びませんが、売り上げ記録ではそれらの先輩を上回っています」（同音楽雑誌ライター）

そんなSnow Manにとって（そして盟友SixTONESにとっても）デビュー1周年記念日となる2021年1月22日、彼らは新曲を引っ提げてテレビ朝日系『MUSIC STATION』の生放送に出演した。

「そもそもデビュー記念日に『Mステ』に出演することが出来るのは、彼らが〝持っている〟証拠。オンエア日の金曜日にデビュー記念日が重なる例は間違いなく稀で、それも新曲発売の直後。音楽ファンや視聴者の間で話題にならないほうがおかしい」（同前）

番組のオープニングに登場したSnow Manは、『Grandeur』で着用する白色の衣装ではなく、赤色をテーマカラーに採用した衣裳を披露。

しかもメンバーそれぞれの個性に合わせ、渡辺翔太はジャケット、向井康二はニット、阿部亮平はリボンモチーフ、佐久間大介はチェック柄に赤色を取り入れ、メンバーの個性を引き立たせた。

タモリから「今日でデビュー1周年」と振られると、目黒蓮は——

『今日がSnow Manのデビュー記念日ということで、感謝の気持ちだったりとか嬉しい気持ちを、パフォーマンスに乗せてお届け出来ればなと思います』

——とコメント。

続けてラウールが——

『僕はデビューしてからの1年で身長が10センチ伸びました。これも皆さんのおかげです』

——といきなり天然ぶりを発揮すると、すかさず向井康二が、

『いや〜、みんなのおかげ……かもしれない!』

――とツッコみ、深澤辰哉が、

『いや、絶対遺伝だろ!』

――と被せる。

その連携にタモリが――

『俺、最近身長縮んでるんだよ』

――と続き、ラウールが、

『(身長)あげます!

こうやって』

――との仕草をしたところで、無事にトークがまとまった。

生放送を見ていると、いかにもタモリが楽しそうにしている姿が印象に残った。

Snow Manはガッツリとタモリの〝お気に入り〟に名を連ねているに違いない。

「パフォーマンスでは一変。ラウールくんの『2年目へのスタートダッシュを皆さんにお届け出来たらと思います』――のセリフをきっかけに始まり、グループ史上最高難度のシンクロダンスはテレビの前の視聴者を圧倒するに十分な、世界に通用する技術の高さを見せつけてくれました」（同ライター）

『MUSIC STATION』生放送終了後、Twitterでは「#ラウちゃん」がトレンド入り。

ジャケットを脱いでTシャツ姿でのパフォーマンスだったせいか、「ラウちゃん、ジャケットは?」「ラウちゃん半袖!」「Tシャツに〝Grandeur〟って書いてあった」などの声や、「デビュー1周年おめでとう!」「2年目も誰も見たことのない景色を見に行きましょう」と、アニバーサリーを祝うメッセージもたくさん寄せられていた。

「3月3日にはLIVE DVD&Blu-rayの『Snow Man ASIA TOUR 2D.2D.』もリリースされましたが、実際に今のファン層の広がり方を客観的に見ていると、〝Snow Manは嵐が活動休止に入った穴埋め役を十二分にこなしてくれるのではないか?〟――そんな期待ばかりを懸けてしまいそうです。嵐は嵐、Snow ManはSnow Manなので、余計な危機感や責任感を感じる必要はないのに、9人の性格だとそれを感じてしまいそうで……少し心配になります。でも逆にいえば、僕らもファンの皆さんも一般の視聴者も、すでにSnow Manを〝ジャニーズの屋台骨を支えるべき存在〟と評価しているということ。だったら期待しなきゃ損ですよ」（同前）

2021年はSnow Manの年——
それをここから証明して欲しい。

目次

Snow Man

1st Chapter

岩本照

Hikaru Iwamoto

―俺たちの絆―

Snow Manの〝ターニングポイント〟

デビュー1周年を迎え、勢いは衰え知らずのSnow Man。

その理由や原動力について、岩本照はこう語る——。

『自分たちには〝大切な芯〟があって、
グループとしてはそれをキチンと守りながら、個々の仕事は自由にやる。

個人で売れてめちゃめちゃ忙しくなっても、グループに戻った時はグループのために全力を尽くす。

そのバランスがちょうど良い感じに保たれているからじゃないかな。

個人個人のやりたいことを尊重してるから、みんなテレビで見ると生き生きしてるもん』

あえて言えば、そこにSixTONESとの差別化を感じる視聴者が多いようだ。

両者共に個人での活動を積極的に行ってはいるが、Snow Manにとっての『滝沢歌舞伎 ZERO』のようなグループの〝芯〟をSixTONESは持っていない。
それゆえグループの売りや強さ、グループと個人のギャップが視聴者には見え難いのだろう。

『あまり個人名を挙げて言いたくはないんだけど、
たとえばクイズ番組でインテリぶりを発揮する阿部ちゃんが、
次の日には『滝沢歌舞伎 ZERO』で〝腹筋太鼓〟を叩いている。
Snow Manのことを知らなかった視聴者の方が、
バラエティ番組で康二やめめに興味を持ってくれて、
Snow Manとしての2人を見たくなる、知りたくなる。
その連鎖が一般視聴者の皆さんに伝わったからこそ、ありがたいことにCDの売り上げにも繋がった。
僕はそう感じています』

驚くほど冷静に、Snow Man人気の〝入口〟を探し当てていた岩本照。
なるほど、まさにリーダーに相応しい〝俯瞰の目〟を持つメンバーだ。

さらにその〝目〟で今のSnow Man人気を分析すると――

『自分たちを誘ってくれた、起用してくれた、あらゆる皆さんの支えのおかげだけど、
あえてターニングポイントを挙げるなら、〝不二家さんとのコラボ〟だと思います』

――と語り始めた。

『これまでに頂いたすべてのお仕事に対しては、皆さんに平等に感謝しています。
でも不二家さんとのコラボをターニングポイントに挙げた理由は、
それまで僕らを知らなかったお母さん、お祖母さん、叔母さんたちに、
「不二家さんとコラボしているアイドルなら安心。信用出来る」――と、
不二家さんの信頼度を僕らに反映して、それで応援してくださる方がドンと増えたからです。
そこまでは想像していなかった。
〝嬉しい誤算〟ってヤツですね（笑）』

不二家は1910年創業、老舗の洋菓子製造販売メーカーだ。

昨年、ちょうど創業から100周年の年にCMキャラクターに就任したSnow Man。

日本で生まれ育った子供たちほとんどが口にしたことがある〝ミルキー〟をはじめ、様々な商品を開発。洋菓子メーカーとしての知名度、ブランドイメージは常にトップを争う。

Snow Manファンの娘を持つ30代から40代、50代のお母さんたちにとってみれば、あの「ミルキーの不二家」のCMキャラクターに起用されたアイドルは「安心、安全に決まっている」と、黙って娘たちを見守るには充分の動機付けになるのだ。

「少し前に女優の酒井美紀が〝この3月から不二家の取締役に就任する〟というニュースが流れましたが、不二家は積極的にイノベーションを進めているように見えます。酒井はSnow Manと同じく昨年、ペコちゃん生誕70周年のアンバサダーを務め、その延長戦上に今回の取締役就任があるといいます。またこちらも昨年の話ですが、昨年の秋から将棋の8大タイトル戦のひとつ『叡王戦』の主催社になり、昨年末には藤井聡太二冠とのCM契約を結びました。今年の春からはSnow Man、酒井美紀、藤井聡太二冠の〝3本の矢〟が、不二家の顔になる時代が来るでしょう」（スポーツ紙芸能担当）

不二家の河村宣行社長は、今年2月の決算発表で「Ｓｎｏｗ Ｍａｎが若者の来店に効果があった」と言及。

洋菓子チェーン店は不振が続いていたが、昨年の秋からＳｎｏｗ ＭａｎをＣＭに起用したところ、若年層の来店が増加。昨年秋から後半にかけて販売が回復し、来期に向けて洋菓子事業が黒字化する見込みと発表した。

こうしてＣＭ業界にも大きなインパクトを与えたＳｎｏｗ Ｍａｎに、今年2月、新たなサプライズが訪れたのだ——。

『それスノ』に懸けるメンバーの意気込み

『俺だけじゃなくメンバーみんなで「いつかは地上波へ！」を合言葉に頑張っていたから、
その夢が1年で叶えられるサプライズは本当に嬉しかったですね。
特に自分は活動自粛でみんなに迷惑をかけてのスタートだったし、
コロナ禍も重なって配信の日程も遅れちゃって。
マジにいろいろあったから、この番組をこれから育てることが出来るって聞いて、
知らないうちに涙が出てましたよ』〈岩本照〉

2020年3月、Snow Man初の冠番組として第1回目の地上波特番がオンエアされた『それSnow Manにやらせて下さい』（通称・それスノ）。

続く4月からは動画配信サービス『Paravi』でレギュラー配信がスタートする予定だったところ、新型コロナウイルスの影響で決して順調とはいえない船出を強いられてしまう。

「今年の元日に初の全国ネットで地上波特番第2弾を放送したところ、Ｔｗｉｔｔｅｒにはファンや視聴者の投稿で溢れ、「#それスノ」が世界トレンドの2位にランクインするなど、大きな話題になりました」（ＴＢＳテレビ関係者）

そんなメンバー体当たりバラエティ『それＳｎｏｗ Ｍａｎにやらせて下さい』が、いよいよこの4月から地上波でレギュラー化されることになった。

1989年10月1日から放送されている『噂の東京マガジン』がＢＳ ＴＢＳに移行することになり、ポッカリと空いた日曜日13時枠にＳｎｏｗ Ｍａｎが飛び込んだのだ。

「しかし1990年から2020年までの31年間の間、17年連続で横並び（同じ時間帯）の年間平均視聴率の1位に輝き、昼間の放送時間帯にもかかわらず、かつては〝東の『探偵！ナイトスクープ』〟と称賛された番組枠を引き継ぐのは、Ｓｎｏｗ Ｍａｎにとってかなりのプレッシャーにもなるでしょう」（同ＴＢＳテレビ関係者）

Ｐａｒａｖｉの配信番組版ではＳｎｏｗ Ｍａｎのメンバーが様々なお題にチャレンジする構成だったが、そこに『噂の東京マガジン』『探偵！ナイトスクープ』のような〝お悩み解決〟要素が加わってもおかしくはない。

メンバーは企画会議から参加し――

『バンバンとアイデアを出していきますよ!』

――と意気込んでいる。

『日曜のお昼という時間を僕たちSnow Manに任せていただけることが、本当にありがたいです。毎週日曜日が楽しみになるような、クスッと笑える番組を目指して9人一丸となって全力で挑みます。個性の強いメンバーが揃っていますので、番組を見て一人一人の顔と名前を覚えていただき、よりたくさんの方々にSnow Manを知っていただければ嬉しいです。ぜひ楽しみにしていてください』〈岩本照〉

楽しく面白い番組を作るには、出演者と視聴者の心が一つにならなければならない。

しかし心配する必要はなさそうだ。

リーダーの岩本照をはじめ、メンバー全員、すでにキッチリと心構えは出来ているようだから。

異なるタイプが融合するSnow Manの〝化学反応〟

『あれはマジにハマるね。
（菊池）風磨や康二を見ていたら、
「仕掛けるより仕掛けられるほうが絶対にオイシい」と思っていたけど、
仕掛けが成功した時のリアクション、めちゃめちゃ癖になるもん（笑）。
ウチのグループで仕掛けるとしたら……やっぱダテちゃんかな？
あの人はミスをしても見た目冷静だから、
周りの人にはダテちゃん以外がミスしたように感じさせる能力がスゴい。
そんなダテちゃんにドッキリを仕掛けてさ、ビビリまくる顔を見てみたいんだよね。
たぶん、ふっかやしょっぴーも同じ意見だと思うな』

TBS『ニンゲン観察バラエティ モニタリング』に、ドッキリの仕掛人として出演した岩本照。雪男の格好でジミー大西、高橋メアリージュン、高橋ユウ、土佐兄弟らにドッキリを仕掛け、そのリアクションにハシャギまくっていたようだ。

「ドッキリといえば向井康二くん、そしてSexyZoneの菊池風磨くんが〝ドッキリプレゼンター〟として出演する『ドッキリGP』(『芸能人が本気で考えた！ドッキリGP』)ですが、特に菊池くんはドッキリプレゼンターではなく、むしろドッキリをプレゼントされる側になってますからね。大半が〝水回り〟の裸ネタで仕掛けられてますけど(笑)」(人気放送作家)

実は岩本——

『いつか自分がターゲットで呼ばれた時は、
番組が用意したスイムパンツ(水着)に気づいても、知らんぷりしなきゃいけない。
ちょっとでも不思議そうな顔をしたら、
視聴者に「ドッキリにかかるのわかってんじゃん」……と感じさせてしまうから』

——と、オファーも来ていないのに頭の中でシミュレーション済みだという。

『正直言って、体を鍛えている人間は基本〝見られたがり〟だから、この筋肉を見せるのは願ったり叶ったり。
それとパンツが溶けて丸出しになるのも、一種のファンサービスとして捉えれば問題ない。
それを〝いかに自然の流れで演じるか?〟――でしょ』

そう言って岩本は、さらにドヤ顔で――

『『ドッキリGP』でパンツ(水着)が溶けてナンボじゃん』

――と、豪語していたとかいないとか。

「そんな彼が『ニンゲン観察バラエティ モニタリング』に出演して、雪男ドッキリを仕掛けた。
正直、あまり乗り気じゃなかったようですが、ドッキリにかかった相手のリアクションが『すげー楽しい!』と、何かに目覚めてしまった様子だったと聞いています。でもだからといって、メンバーに仕掛けて楽しもうとしなくても……」(同人気放送作家)

冒頭のセリフにもあるように、岩本は一度でいいから〝宮舘涼太がビビって崩れ落ちる姿〟を見てみたいというではないか。

『Jr.に入った時は先輩のバックにシンメで、
最初の頃はダテちゃんにガチに助けられていましたね。
外からは見えないかもしれませんけど、
あの人と俺は何回も朝まで――
「ダンスとは?」とか「魅せるパフォーマンスとは?」
――みたいなテーマで、アツく語り合った仲なんです。
高貴なお顔と雰囲気が、逆にダテちゃんにはマイナスに働いているのかも』

――そう明かす岩本。

ある先輩グループのバックについた時、いつものように真剣に、そして秘めたアツさをパフォーマンスにぶつけるかのようにリハーサルに集中していた宮舘涼太に、そのグループのメンバーが――

『つまんねえならポジション後ろに下げてやろうか?』

――と、不機嫌そうな顔で言い放ったことがあったという。

『めちゃめちゃ頑張ってたし、
たぶん、その先輩は虫の居所が悪くて、
目に入ったダテちゃんにイライラをぶつけたんじゃないかと思う。
すぐに他の先輩がリハーサル室に入ってきて、その人はスーッと去っていったけどね』

――当時を振り返る岩本。

その先輩はすでに退所済みらしいが。

『昔からというか出会った時から〝勤勉〟の言葉が誰よりも似合う努力家で、
その練習量を証明するのがダテちゃんのパフォーマンスレベルの高さ。

何でも出来るし、何でも上手い。

誰かのコピーじゃなく、ダテちゃんだけのオリジナルな世界。

俺にはダテちゃんみたいに〝大人の色気〟をパフォーマンスで表現するのは難しいかな？

だからみんなに〝ダテ様〟と呼ばれるんだよね』

総じてダンスのレベルが高いＳｎｏｗ Ｍａｎにおいて、岩本照はここまで宮舘涼太を絶賛する。

一方、宮舘も――

『照のパフォーマンス？ 大好きです』

――と言って、信頼関係の深さを感じさせる。

まず宮舘は——

『照の華やかさが羨ましい』

——と言い、さらに、

『これまでずっとSnow Manの象徴でいてくれて、きっとこれからもそう。
いつもパフォーマンスのことだけを考えていて、常に新しいエッセンスを取り入れようとしている』

——と続けて、こちらも大絶賛した。

Jr.の頃から信頼し合う、岩本照と宮舘涼太の固く結ばれた絆。

互いに違うタイプのパフォーマンスを得意としているからこそ、Snow Manは頻繁に化学反応を起こしているのだろう。

メンバー9人、それぞれの絆が紡ぎだすSnow Manのパフォーマンスは、果たしてこの先どこまで進化を遂げるのだろうか——。

岩本照フレーズ集

『デビューする前に滝沢くんに言われたんです。
「チャンスの扉の鍵が開いていたら、
迷わずにその扉を開けて進め！」――って』

チャンスはただ待っているだけでは訪れない。その気配を感じたら迷わずに立ち上がり、自らの手で掴まなければならない。かつて滝沢秀明氏が岩本照だけではなく、Ｓｎｏｗ Ｍａｎのメンバー全員を鼓舞したセリフ。

『昔は結果よりも努力の過程があれば満足していた。
でも今は、いくら努力しても結果が出なければ意味がないと思う』

プロのアーティストは結果を出さなければ〝プロ〟とは呼べない。

結果が伴わなくても努力の過程を褒めてもらえるのは〝アマチュア〟の間だけ。その差と違いを岩本照はデビューからの1年で学んだ。

『俺たちのパフォーマンスは、

「同じものを何回見ても飽きない」

——って言われた時は嬉しかった。

人間、3回見たら何でも飽きるじゃん？』


2019年の『滝沢演舞城ZERO』を、某民放テレビ局の名物プロデューサーに絶賛されたと語る岩本照。この春、2年ぶりに『滝沢演舞城ZERO 2021』のステージに立つ予定(※2021年2月現在)だが、岩本は「お客さん全員に俺たちの進化を見てもらいたい」——と、胸を張って誓う。

Snow Man
俺たちの絆

Snow Man

2nd Chapter

深澤辰哉

Tatsuya Fukazawa

—俺たちの絆—

深澤辰哉の〝Snow Man愛〟

目黒蓮が除脱毛ブランド『ヴィートメン』2021年ブランドイメージキャラクターに就任した際、真っ先に「おめでとう！」の連絡をくれたのが、深澤辰哉だったという。


『ふっかの優しさや懐の深さは、メンバーが一番わかっていると思います。

たまに眉間にシワを寄せて不機嫌そうにしている時があって〝近寄り難いな〜〟って感じても、実は大半はメンバーのことを考えてくれていたりする。

真剣に考えているからこそ、そういう顔になるんですね。

最初は本当に怖かったけど（苦笑）』

――深澤の印象について素直にそう話す目黒。

さらに目黒がレギュラーモデルを務める男性ファッション誌『FINEBOYS』も、出来るだけ『毎号チェックするようにしてますよ』と深澤は言う。

『〝メンバーが今、どんな仕事をしているのか〟――知っておきたいのが普通だし、知らないと悩み相談された時に返答が出来ない。テレビもちゃんと録画して、気になる部分はメモもしてますね』

目黒蓮だけではなくメンバーの全員が頼りにするのが、Snow Manの〝精神的な支柱〟と言っても過言ではない深澤辰哉だ。

『実際、そこまでメンバーの仕事を網羅するのは大変っていえば大変。でも取りこぼした仕事で大きなミスをしていたら、「何でお前は見てなかったんだ!」――と後悔する。逆にめちゃめちゃウケた番組を見逃した時も、後悔するのは同じだね。だって普段、みんなそんなにウケないじゃん(笑)』

「みんなウケない」はもちろん冗談で、目黒のブランドキャラクターと同じで、真っ先に「面白い！」と伝えたい性分なのだ。

『めめとは仕事でカップリングされたことがあまりないけど、それはウチのスタッフが、「深澤と目黒を組ませても（番組が）弾けない」と感じているのかもしれないし、たまたまスケジュールが合わないだけかもしれない。俺らにはそういうカップリングの組み合わせがどうやって決まるのか、基本的には知らされないから』

〝弾けない〟のはあり得ないだろうし、ファンは深澤が目黒に何本ものスルーパスを出しているのを知っている。

ただそのスルーパスを、さっきまで反対サイドにいたはずの向井康二がスッと奪ったりしているだけだ（笑）。

『でもメンバーが何人もいるMCでは、
特別に誰かを想定してトークのパスを出したりフォローしたりすることって、
本当にあまりないんです。
〝誰かが受け取ってくれればラッキー〟みたいな感覚で、パスを出しっぱなしのほうが多いかも』

だがそうはいっても、中国のSNS『微博』でSnow Manが人気アイドルグループ賞を受賞した『WEIBO Account Festival in Tokyo 2020』では、深澤辰哉は目黒蓮の背後にスッと回り込み、彼の中国語での受賞スピーチにずっとリアクションを取っていた。
カメラに映り込みたいわけではなく、メンバーの誰かがスピーチを聞きながら頷く姿があるかないかで、説得力がずいぶんと違うからだ。

『あそこで誰も中国語がわからないからって、めめを一人にすると、
受賞スピーチが軽く適当なものに聞こえてしまう。
それはこれまでの芸能生活で培った〝知恵〟ですね』

他のエピソードにある『1億3000万人のSHOWチャンネル』での〝目黒のバク転成功〟についても――

『めめがストイックで負けず嫌いなのはSnow Manに入ってきてすぐにわかったし、
だから陰でずっとアクロバットの練習を頑張ってきたことも知ってる。
そして、めめは出来るまで諦めない。
中途半端が嫌いなのは俺と同じ』

――と、シンパシーを感じていることを隠さない。

『メンバーそれぞれの一番良い部分を、どうやって出させるか。
そしてどうやってフォローすれば、さらに良く見えるか。
それを考え、実践するのが俺の仕事じゃないかな』

その言葉からは、Snow Manとメンバーに対する〝愛〟が溢れている――。

〝心を健康にしてくれる〟パワーの源

「いきなり深澤くんに『〝美容の友だち〟って何だと思いますか』――と聞かれたんです。まだ〝美容の類似語〟とか聞かれたら少し頭を捻りますが、〝友だち〟と言われても……(苦笑)」

NHK BSP『ザ少年倶楽部』のベテラン制作マン氏は、深澤辰哉にそんなことを聞かれたと苦笑い交じりに明かす。

すると深澤はニヤリと笑いながら自信満々に――

『健康ですよ!』

――と言った。

「美容」も「健康」も似たジャンルに属するかもしれないが、そもそも〝友だち〟の意味とは?

頭の中が〝?〟マークだらけの制作マン氏に、深澤はこんなことを語り出した――。

『しょっぴーが〝美容キャラ〟でブレイクしつつあるけど、
美容って注意しなきゃいけないのは、
ちょいちょい効果や副作用みたいなヤツで問題になってるじゃないですか。
もちろんしょっぴーが怪しい商品を紹介しているわけじゃないけど、
世の中にはいろんな人がいて、隙を見せるとSNSで総攻撃を仕掛けてくる』

確かにタレントや有名人、政治家などの足元を掬おうと、ミスを探すネットユーザーは一定数いるのは事実だろう。


『誰もが生きていれば理不尽なことで責められたり、嫌な思いをすることもある。

反発したくても、タレントは立場上なかなか反発出来ないし、火に油を注ぎかねない。

だから大半は黙るかスルーするんだけど、
でも僕も人間だから、一瞬「はぁ?」……と思ったりもする。

それを顔に出したり落ち込んだりはしないけど、気持ちのコントロールが難しい時もあるんです』

たとえば、それが仕事上での理不尽であれば、相手の言い分をひとまず受け入れてみて、一度はその通りに動いてみる。

しかしそれでも納得することが出来なければ、そこで相手と改めて話し合い、前向きな解決法を探ることも選択肢の一つ。

だがSNSなどで一方的に理不尽を押しつけられた時は、対抗する術を持たないのがタレントの実情なのだ。

『特に僕は運や勢いで仕事をするタイプではないので、

何事もコツコツと積み上げ、道筋を作りながら進むしかないんです。

瞬間的な気持ちで動くほうではないし、曖昧な感じも苦手。

そして中途半端はもっと嫌い。

もちろん瞬間的な閃きに従ったほうがいい時もあるし、ラウールなんかはそういう感覚派の代表。

きっと何を理不尽と感じるかも、僕とは違うと思います』

……さて、そろそろ「美容の友だちは健康」に話を戻してもらおうか。

『だから僕の場合、解決法が見えない、抵抗することが出来ない、SNSなんかの理不尽に対しては、自分の精神が〝いかに健康でいられるか〟が、とても大事なんです』

——確かに〝精神の健康（安定）〟は重要だ。

『心が健康ならば、目に見えない相手からの理不尽には動じない。

しょっぴーには——

「ルックスだけじゃなく、これからは心も美容で健康にしなきゃいけないんじゃない？」

——と話しています。

しょっぴーも——

「確かに心も美しくないとルックスは美しくならない。

健康は心を美しくしてくれる大切な要素」

——と、わかってくれています』

それでは深澤は、どんな方法で心を健康にするつもりなのか。

『SNSから理不尽な声が上がると言いましたけど、実は同時に自分たちを励ましてくれるのもSNS。
要はそこの〝選択〟にかかっているんです』

Snow Manのデビュー記念ライブをはじめ、しばらくの間、ライブシーンの中心は配信が占めている。そして配信だからこそ盛り上がるのが、SNSでの同時メッセージだ。
ファンはライブ配信を見ながら、その場でメンバーに思ったこと、感じたことをメッセージとして書き込む。それは配信でしか出来ない楽しみ方の一つ。

『同じSNSでも、ファンからのメッセージは僕らに力を与えてくれる。
それにSnow Manの話題で盛り上がり、
トレンドの1位に上がっているのを見ると素直に嬉しい。
僕らのファンの団結力を感じるし、
みんなが楽しんでくれてるからこそ、
「もっともっと頑張らなきゃいけない」って思えるし、
心も健康になりますね』

〝渡辺翔太が美容キャラでブレイクしつつある〟という話から、理不尽に対する怒りを挟み、終点は――

『ファンのみんなのために頑張りたいし、ファンのみんなが僕らの心を健康にしてくれる』

――に行きついた深澤辰哉。

そう、深澤の、そしてSnow Manメンバーの心を健康にしてくれるのは、ファンの応援という〝パワー〟なのだ。

そして彼らの心が健康であればあるほど、Snow Manはファンのために力を尽くして最高のパフォーマンスを届けてくれるのだ。

Snow ManとA.B.C-Zの間にある絆

「深澤くんと佐久間くんはA.B.C-Zのメンバーと絡むのが本当に楽しそうでした。やっぱりつき合いの長さもありますが、Snow ManがCDデビューしたことが大きいでしょう。そして共に〝滝沢秀明門下生〟ですからね」

NHK BSP『ザ少年倶楽部』プロデューサー氏は、A.B.C-Zのデビュー9周年記念日（2月1日）の翌日、2月2日に生放送でオンエアされた『A.B.C-Z今夜はJ's倶楽部』（NHKラジオ第1）でピンチヒッターを務めた深澤辰哉と佐久間大介について、しみじみとそう語り始めた。

「実はこの日の生放送には、A.B.C-Zのメンバーが全員集合揃ってデビュー9周年についての思い出を語る予定でした。ところがコロナ禍で様々な仕事の予定が狂ったせいなのか、熊本県に滞在中のA.B.C-Zは、仕事を終えてもリモートでしか出演することが出来なかったのです」

そんな先輩たちの記念すべき生放送のピンチヒッターに名乗りを上げたのが、深澤辰哉と佐久間大介だった。

「2人はその3日前、同じくラジオ第1で生放送出演中だった『らじらー！サタデー』のスタジオから河合郁人くんに生電話をかけたところ、河合くんから『2人は2月2日の夜9時ってお仕事中？スタジオに2人いるのどう？』──と交渉され、ノリと勢いでこの日のピンチヒッターを承諾した──体になりました（笑）」（『ザ少年倶楽部』プロデューサー氏）

プロデューサー氏が「承諾した──体」と言うように、もちろん事前にこのやり取りには台本が用意されていた。さすがに今のSnow Manのスケジュールを、3日前のふいの電話で押さえられるわけがない。

「何よりも楽しみになったのが、深澤くんと佐久間くんがラジオとはいえA.B.C-Zと絡むこと。両者は滝沢秀明門下生、〝滝沢チルドレン〟の筆頭格ですから」（同プロデューサー氏）

2004年8月にJr.入りした深澤辰哉と阿部亮平。以下、2005年6月の渡辺翔太、9月の佐久間大介、10月の宮舘涼太。そして2006年10月の岩本照。2020年1月22日にデビューするまで、彼らはその歳月をジャニーズJr.として過ごしてきた。

一方、橋本良亮が加わりA.B.C-Zとして活動を始めた2008年まで、A.B.C-Zの他のメンバー4人は2001年からA.B.C.として活動をスタート。両者のJr.時代は濃厚に絡み合っている。

「河合くんは深澤くんを弟のように可愛がり、深澤くんの大好物でもあるナポリタンや豚の生姜焼きを手料理で振る舞っています。また数年ごとに引っ越す新居の内見に深澤くんを連れていくのがお約束だとか」（同前）

そして佐久間はといえば、当然のように〝ヲタクの先輩〟塚田僚一になる。

「塚田くんも負けじと（?）佐久間くんに手料理を振る舞い、さらに自分よりも先に佐久間くんを風呂に入れ、脱衣所にはパジャマの着替えを用意。翌朝の朝食はもちろんのこと、塚田くんの自宅で過ごしている間はすべての食事の準備と洗濯までしてくれるそうです。どちらが先輩かわかりませんね（笑）」（同前）

ちなみに河合同様、塚田も豚の生姜焼きが得意料理。さらにバターチキンカレーは「お店で食べるより美味しい！」と、佐久間が声を上げるほどだという。

また、かつてJr.内ユニット『J．J．Express』のメンバー同士だった深澤辰哉と橋本良亮は「レッスンや仕事が終わると毎日のように深澤の家を訪れるほどの家族ぐるみの関係だった」とラジオで明かされた。

「2人は2005年の夏からJ.J.Expressのメンバーになりました。当時は伊野尾慧くん、中島裕翔くん、有岡大貴くん、髙木雄也くん、そして数人の辞めジュニがいて、深澤くんと橋本くんがいたのです。当時は2人と有岡大貴くん、髙木雄也くん、さらにはYa-Ya-yahの八乙女光くんが〝いつメン〟として青春時代を共に過ごしたそうです」(同前)

Snow Manのデビューで〝いつメン〟は全員デビューすることが出来た。

ちなみに噂では2025年あたり、〝いつメン20周年〟で温泉旅行が計画されているとも。

『A.B.C-Zとは思い出がありすぎて、俺もさっくんも整理するのが大変でした。

「これからはSnow Manとしても、A.B.C-Zに負けないぐらい思い出を作らないと」

……って思ったけど、きっともう越えてるな。うん(笑)』

お互いに切磋琢磨し、時にはライバル、時には先輩後輩の友人同士として、交流を続けてきたSnow ManとA.B.C-Z。

これからも深澤辰哉は、A.B.C-Zとの関係も深めながらも、Snow Manメンバーとより強い絆を築き上げていくことだろう――。

深澤辰哉フレーズ集

『迷ってる仕事でも、とりあえずは受けてみる。
受けてから、やり方を考えればいいんだから』

掴めるチャンスはすべて掴む。そしてそのチャンスを活かすためならば、どんな努力も惜しまない。Ｓｎｏｗ Ｍａｎの〝Mr.貪欲〟こと深澤辰哉のポリシーがこれだ。

『「きっと上手くいく」……みたいな、
自分の願望に頼る判断をしちゃいけない。
〝上手くいく裏付け〟なんて、実際にはどこにもないんだから』

自分の才能や力を信じる、自信を持って取り組むことと、「そうなればいいな」と願望だけで仕事に取り組むことは、根本的にまったく違う。「運試しみたいな、雑な仕事のやり方ではいけない」――その意識だけは常に持ち合わせ、「フラットな自分でありたい」という深澤辰哉。

『一つのことをやり続ける大切さは、Ｓｎｏｗ Ｍａｎが一番良く知ってるよ』

２００９年に種（Ｍｉｓ Ｓｎｏｗ Ｍａｎ）が蒔かれ、２０１２年５月３日に芽を出したＳｎｏｗ Ｍａｎ。その芽はおよそ８年後にようやく花（デビュー）を咲かす。自分たちを信じ、ここまで歩いてきたＳｎｏｗ Ｍａｎは、ジャニーズ事務所の〝継続は力〟の体現者たちなのだ。

Snow Man
俺たちの絆

3rd Chapter

ラウール

Raul

―俺たちの絆―

デビュー1年、ラウールの〝成長〟

この2月28日、オンラインで開催された『第32回 マイナビ 東京ガールズコレクション（TGC）2021 SPRING/SUMMER』にゲスト出演したラウール。

パソコンやスマホでご覧になった方も多いだろうが、ラウールのゲスト出演が発表された際、今回のテーマ〝ジェンダーレス〟のイメージで撮り下ろされたオリジナルビジュアルも公開され、思わず溜め息が漏れる美しさも話題になったほど。

「さすが〝ボーダレス〟のハーフだけあって、同い年の純日本人には決して出せそうにない艶、色気に溢れるビジュアルでした。独特でアンニュイな表情は、他の誰にも真似出来ないほどのインパクトがありました」（ファッション誌デスク）

ラウールはSnow Manに加入直後の2019年3月（TGC 2019 SPRING/SUMMER）に初出演。

さらに昨年の2020年2月（TGC 2020 SPRING/SUMMER）、9月（TGC 2020 AUTUMN/WINTER ONLINE）に引き続き、今回は同イベントの公式LINEアカウントを通したLINE LIVEで通算4回目の出演を果たす。

「テーマはジェンダーレスでも性別は男性のラウールくんは、毎回メインモデル（※女性が務める）ではなくゲスト出演ですが、もしかすると〝190㎝に届いたのでは？〟と感じるほどの高身長にスラッと長い手足。間違いなく世界基準のモデルへと順調に成長しています」（同ファッション誌デスク）

およそ6時間に及ぶ配信には、テレビで見ない日はないほど大ブレイク中の生見愛瑠を筆頭に、飯豊まりえ、池田エライザ、池田美優（みちょぱ）、久間田琳加、トラウデン直美、中条あやみ、Niki、福原遥、藤田ニコルなど、大活躍中のタレント、女優が勢揃い。

さらにTGCとは縁が深い坂道シリーズからも、齋藤飛鳥、松村沙友理、山下美月（以上、乃木坂46）。小林由依、渡辺梨加、渡邉理佐（以上、櫻坂46）。加藤史帆、小坂菜緒、佐々木美玲（以上、日向坂46）などを中心に、多くのメンバーが出演していた。

『TGCさんのランウェイは本当にいつも気持ち良くて、
「どんだけカッコつけてやろうかな」――って思う余裕もあるぐらい。
今年は主演映画も公開になるし、
ようやく僕も兄さんたち（※年上メンバー）に追いつけるような、
ソロの仕事に手応えを感じるようになりました』

――自信を見せた表情でそう語るラウール。

画面を通して見るラウールは、いつも明るく元気な〝末っ子キャラ〟が爆発していて、落ち込んだりネガティブになったりすることはないように見えるが――

『いや、全然ありますよ』

――と笑う。

『ソロの仕事だけじゃなく、みんなと一緒の仕事でもそう。
毎日とは言わなくても、それなりのペースで落ち込みますね。
でも僕の場合、絶対に次の日に引きずらないように心がけています。
ひたすら心を〝無〟にして、何も考えない。
それでもダメな時は、ついついめめに電話して話を聞いてもらってます。
めめは「そういう日があるよ」と受け入れてくれるので、本当にありがたい。
自分を肯定してくれる仲間、誰でも絶対に必要だから』

そして意外にも、普段は——

『無駄絡みがガチにウザい（笑）』

——と言う向井康二にも助けられているようだ。

『康二の唯一いい点は、どんな気持ちの僕でも、
「俺には迷惑かけてもエエんやで」
――と、笑っちゃうほど器がデカい日があることです。
いつもじゃなく、たまに(笑)。
もともと、康二自身も自分の感情を遠慮なく表に出すタイプで、
そこはハーフ同士の共通点かもしれないけど、
こっちも感情をぶつけられるから楽なんですよね。
何も言わずに話を聞いてもらいたいのは、めめ。
悩みを解決してもらいたい時は、ふっか君としょっぴー君。
爆発する気持ちをぶつけてスッキリしたい時は、康二。
だいたい、そんな担当です』

――それは向井康二がちょっと可哀想な気も……。

『メンバーに会うだけで活力が湧いてくるし、
みんながソロの仕事で結果を出して帰ってくる姿が、自分の頑張りのモチベーションになる。
みんなも僕みたいに落ち込むこともあるけど、基本的にはあまり干渉したくないタイプなので、
自分から言い出してくるのを待ちます。
逆に僕が一番、自分から発信しちゃうかも（苦笑）』

それは年令もキャリアも〝最少〟なのだから、お兄さんたちに遠慮する必要はあるまい。

『とにかく今は、ファンのみんなを目の前にしてライブをやりたいし、
お互いにパワーを交換するというか、Ｓｎｏｗ Ｍａｎのライブがパワースポットになるように、
準備だけは整えています。
もちろん僕だけじゃなく、メンバー全員が！』

この1年ですっかり成長したラウール。
止まるところを知らないスピードで、天下取りまで一直線に進んでいる――。

「ラウール、ダンス好きか？」——中居正広からのアドバイス

『中居さんには『金スマ』で——

「脇毛生えたか？」

「〝ラウール〟ってマンションの名前？」

「20才になったらベネズエラ国籍選べ」

……とかコテンパンにやられたから、最初はちょっとビビってたんですよね（苦笑）。

でも今回、一人で行ったらスゲえ優しかった。

一応「僕は亀梨軍団ではありません！」——ってネタ、仕込んどいたんだけど』

3月6日の土曜日にオンエアされた、テレビ朝日のスペシャル番組『中居正広のダンスな会』に出演したラウール。

毎週土曜日のお昼にオンエアされている『中居正広のニュースな会』の派生番組として、週末2時間のスペシャル番組を制作。ラウール以外にも日本を代表する演出家の宮本亞門、DA PUMPのISSAとKENZO、バブリーダンス生みの親・振付師のakane、熊川哲也率いるKバレエカンパニーからダンサーの栗山廉など、ダンスに精通する著名人たちが芸能界から集結。様々なダンスについて語り合うと共に、100%自らの趣味嗜好に基づく「このダンスがすごい! MY BESTダンス」をプレゼンし、ダンス好き同士で盛り上がる番組だった。司会はもちろん、中居正広だ。

『どちらも同じ中居さんの冠番組なのに、あそこまで違うなんて。

去年『金スマ』に出させてもらった後、Snow Manみんな集まっての反省会で――

「俺たちはまだまだだな」

「中居さんの司会がスゴすぎる」

「俺たちも懸命に話したんだけど、一度もペースを掴めなかった」

――って、ふっか君やしょっぴー君が落ち込んでいたほどだったのに。

でも今回はテーマが、中居さんもノリノリで話せるダンスだったからか、収録の合間に呼ばれてアドバイスを頂けたほど、ずっと笑顔の現場だったんですよ』

振り返れば昨年11月20日にオンエアされた『中居正広の金曜日のスマイルたちへ』（TBS）では、「中居がよく知らないジャニーズSnow Manに迫る！」の企画タイトルでSnow Manが全員で登場。

冒頭から興奮気味にはしゃぐと、まずは中居から「なんかもう苦手」の先制パンチを喰らい、スタジオの空気をたったひと言で制圧する凄味に面食らったほどだった。

『あの日のテーマが「よく知らないジャニーズSnow Manに迫る！」だったから、ファーストインプレッションが大事だったんですよね。

さっくんが「ちょっと、出られるのうれしすぎて……」と弁解しても、中居さんは「全員でかかってきたら、なんとかなると思ってんじゃねぇよ」——と、またひと言で空気を笑いに変えた。

そういうところ、みんな反省会でしか気づけなかったから、すぐにその場で活かせるように、僕なりに仕込んではきたんですけど』

冒頭のラウールのセリフにある「脇毛生えたか?」「〝ラウール〟ってマンションの名前?」「20才になったらベネズエラ国籍選べ」は、『金スマ』に出演した時の中居とのトークの中から『もし天丼(※繰り返し)で振られても、ちゃんと笑いで返せるように練ってきた』ラウールなりに事前に用意した〝武器〟だったということか。

『中居さんはあの時のことを覚えていてくれて、楽屋にご挨拶しに行くと——
「ラウール、今日はお前も立派なゲストなんだから、
俺がデビュー29年先輩だってこと、忘れろよ」
——って話しかけてくださったんです。
そこで僕も頑張って「逆に〝意識しろ〟ってことですね!」とリアクションすると、
笑いながら「ちげーよ」——って。
自分、ちょっと成長を実感して感動しちゃいました』

見事に『金スマ』以来の共演で〝つかみはOK〟の合格点をもらったラウールは、まるでがんじがらめの鎖から解放されたかのように、リラックスして収録に臨めたそうだ。

「中居くん自身もダンス大好きで、なおかつラウールくんが世界大会クラスのダンサーだったので、年令が若かろうがリスペクトの気持ちもあったと思いますよ」（テレビ朝日関係者）

中居自身も収録後――

『現役の頃に比べると情報をキャッチするアンテナの張り方も変わってきたけど、こういう風に新しいことを知る機会があるのは本当に楽しい！ ダンスをやっている人もそうでない人も、ダンス見るのが好きだなって思う人も、みんながワクワクする内容になったと感じてます』

――と話すほど、今回の特番には手応えを感じていたようだ。

確かにスタジオゲストとのトーク以外にも、伝説のダンスから世界をアッと驚かせた注目のダンスまで、さまざまな映像を紹介しながら、中居もラウールも夢中で楽しむ番組になっていた。

『途中で休憩していた時、中居さんが僕に――

「楽しいな～！ 楽しくない？」

――って声をかけてくださったんです。

もちろん「楽しいです！」と答えたんですけど、

中居さんは――

「しばらく踊ってないからわかんないけど、ちょっと一緒に踊ってみたくなったよ」

――なんて、信じられないほど嬉しい言葉を。

「やっぱ自分が知らない新しいダンスが出てくると挑戦したくなるな」とも仰っていて、

最後は「ラウール、ダンス好きか？」――って、

マンガのセリフみたいなひと言で去っていきました（笑）。

本当はもっと具体的な話やアドバイスを頂いたんですけど、

それは俺だけの宝物だから言いません（笑）』

ちなみにラウールが聞いてもいないのに――

『あっ、麻雀が出来ないと連絡先は教えないよ』

――と呟いた中居正広。

それってもしかして、〝逆の意味〟だったんじゃないの(爆)!?

ラウールが掴んだ〝確かな自信〟

今やジャニーズファンにとってバイブル的な番組になっているのが、フジテレビでオンエアされている『RIDE ON TIME』だ。

Snow ManはSeason1とSeason3に出演し、Season1では『滝沢歌舞伎ZERO ～Snow Man、飛躍の大舞台へ』のタイトルで。Season3では『Snow Manデビュー1年目～壁を越え、見えた景色～』のタイトルで密着を受けている。

「そのSeason3でラウールくんをフィーチャーした回（2020年12月25日OA）の評判がすこぶる高いんです。リハーサルから圧巻のパフォーマンスを見せたかと思うと、深澤辰哉くんをイジりながら無邪気に大笑いする姿を見せる。風間俊介くんのナレーションにも独特の緊迫感があって引き込まれますね」（フジテレビ編成マン）

2020年のクリスマスの夜、風間俊介のナレーションから番組はスタートする――。

今年1月に念願のデビューを果たし、発売したシングルは2作連続でミリオンセラーという驚異的な記録を達成した彼ら。

大きな期待と共に万事順調に進むかのように思えたデビューイヤーだったが、新型コロナウイルスの影響で3月に予定していたデビューコンサート、そして夏に上演が予定されていた主演舞台『滝沢歌舞伎ZERO 2020』が中止となった。

しかし『滝沢歌舞伎 ZERO 2020』は公演を楽しみにしていたファンのため、舞台と映像を融合させた新しいエンターテインメント映画『滝沢歌舞伎 ZERO 2020 The Movie』として制作されることが決定。

番組はその撮影に臨むメンバーの姿を追っていた――。

場面は7月、ジャニーズ事務所に所属するタレントに課せられた長い自粛期間が明け、いよいよリハーサルが始まった。

しかしほぼ半年間、メンバーで集まってのレッスンやリハーサルが出来なかったせいか、メンバー全員の体力は予想以上に減退。まだ若い、最年少のラウールでさえ――

『映画が決まったのも自粛期間中だったので、
家で出来る筋トレをしたり、マスクをつけて走ったりしていました。
でも実際にレッスンやリハーサルに耐えられる筋肉って、そんなことじゃっつかないんです』

――と、不安を抱えながらのリスタートだったという。

それでもラウールが実力と才能の片鱗を見せつけたのが、番組で大きく取り上げられた新橋演舞場での『滝沢歌舞伎 ZERO 2020 The Movie』の撮影風景だった。

この日の撮影は、失くした恋を歌う曲『Maybe』に乗せ、ラウール、阿部亮平、深澤辰哉が創作ダンスを踊るシーン。

しかもラウールのソロパートは、すべてアドリブ。

『よく〝最年少〟と取り上げられるけど、それは単なる肩書のひとつ。
自分が表現したいことを表現して、ファンのみんなに喜んでもらえるように、
ただ頑張るだけ』

——と言って、圧巻のパフォーマンスを見せてくれた。

撮影の合間には——

『気持ちを乗せるため、架空の女の人、一番好きな女の人を思い描いて踊りました。
「その人に恋したくても出来ない、それはなぜだろう?」——みたいな気持ちで』

——と言うラウールに、隣の深澤が、

『俺も一緒。俺もそういう気持ちを込めて歌ってた』

——と乗っかる。

すると、阿部から――

『なんでちょいちょい乗っかるの？』

――とツッコミが入る。

3人でケタケタと笑う姿には、誰もがＳｎｏｗ Ｍａｎの仲の良さを感じただろう。

そしていよいよ、撮影は『滝沢歌舞伎 ＺＥＲＯ ２０２０ Ｔｈｅ Ｍｏｖｉｅ』最大の見せ場、「腹筋太鼓」の本番へ。

舞台版とは違い映画撮影では何度もテイクを重ねなければならず、バチを強く握りしめて太鼓を打ち続けるメンバーの指の皮は剥げ、出血と強い痛みが走る。

それでも懸命に叩き続けるメンバーたち。

『〝腹筋太鼓〟はリアルにアイドルの仕事じゃないから（苦笑）。
でも監督から〝OK〟の声が飛んだ時、一番嬉しかったのはやっぱり腹筋太鼓。
もし映画を見逃した方は4月からの舞台に。
チケットが取れなかった人は、そのうち発売されるDVDで。
あれを見なきゃ「死んでも死にきれない」って、誰かが言ってたよ（笑）』

最後はオチをつけるかのように、そう語ったラウール。
その表情は、デビュー1年で掴んだ〝確かな自信〟に満ち溢れていた――。

ラウールフレーズ集

『「明日はどんな日になるんだろう？
めちゃめちゃ晴れればいいな！」――って、
毎日ポジティブに考えながら眠りにつく』

その日を振り返り、反省すべき点はキッチリと解消し、疑問に感じたことには答えを出しておく。しかしベッドに入ってまでそれを引きずると、効果的な睡眠を取ることが出来ない。ラウール曰く「だから明日の天気のことでも考えようよ。すごく気持ちが軽くなるからさ」――だそうだ。

『他人より早くレッスンを始めれば、
だいたいは他人より早く上がれるじゃん。
でも俺は早く始めた時ほど、
誰よりも遅くまでレッスンを続けたくなるんだよね。
何でだろう』

ラウールのポリシーは「レッスンもリハーサルも本番のつもりで臨むこと」だという。「レッスンは時間で区切っても意味がない。毎日の課題を決め、それをクリアすることで1日を終わらせたい」そうだ。でも「ぶっちゃけ言うとさ、誰もいないレッスン場で踊ることが好きだから。だって気持ちいいし、他に誰かいたら遠慮しなきゃいけない時もあるからさ（笑）」——と、その本音も明かす。

『自分の才能や能力の本当の価値は、使ってみなければわからない。
だから俺は何にでも100%でぶつかる気持ちを忘れないようにしてる』

「自分に何が出来るのか？」「得手不得手のジャンル、欠点はどこにあるのか？」……自分のことはなかなか冷静に見ることが出来ないのであれば、どんな仕事でも「常に100%でぶつかる癖をつけておきたい」——と語るラウール。そうすると意外な長所が見つかったり、さらにその長所を伸ばす気持ちに巡り会えるから。

Snow Man
俺たちの絆

Snow Man

4th Chapter

渡辺翔太

Shota Watanabe

—俺たちの絆—

渡辺翔太が目黒蓮に贈ったエール

『これまでテレビでは特に公言していなかったですからね。
ファンのみんなはもちろん知ってましたけど、でもこれで全国の視聴者に知られちゃった。
アクロバットが売りのＳｎｏｗ Ｍａｎに、
バク転が出来ないメンバーが3人……いや、2人いることが（笑）』

渡辺翔太が話す「バク転が出来ない2人のメンバー」とは、向井康二とラウールのこと。

昨年までは目黒蓮もいれて3人だったが、すでに『1億3000万人のＳＨＯＷチャンネル』（日本テレビ）でバク転に成功していることは、皆さんが目撃した通りだ。

番組を担当する人気放送作家氏が、1月16日にオンエアされた『1億3000万人のＳＨＯＷチャンネル』初回2時間ＳＰを振り返る。

「Snow Manは〝ジャニーズ事務所歴25年でもバク転が出来ない〟櫻井翔くんのチャレンジを応援する、サプライズ応援団として登場しました。このバク転企画は新番組のスタートにあたり、櫻井くんが視聴者に『**チャレンジするプロセスを見て欲しい！**』と願い出て、ようやく実現した企画だったのです」

――と明かす番組担当人気放送作家氏。

「そもそもはジャニーズ事務所に在籍して25年、ずっとバク転から逃げてきた櫻井くんが『**俺が成功させたら子どもたちにはバク転のやり方を教えられる。その子供たちのお父さん、お母さんには、アラフォーから挑戦する夢を見させられる**』――の想いで始めたものでした。収録の当日はジャニーズで最も難しいアクロバットをこなせると定評のSnow Manのメンバーが、櫻井くんにバク転を出来るようにアドバイスをしてくれました」（番組担当人気放送作家氏）

しかし連日の特訓とSnow Manからのアドバイスは実らず、櫻井翔のチャレンジはあまりにも微妙な〝補助付きバク転〟で終了。

「同時進行で特訓を続け、バク転を成功させた目黒くんは、収録の終了後に『**めめ！ よくやった‼**』と涙を流して喜んでくれた渡辺くんをはじめ、Snow Man陣営はめちゃめちゃ盛り上がっていました。その横を櫻井くんは、バツの悪そうな顔で帰っていきましたけどね（苦笑）」（同放送作家氏）

本番一発勝負のバク転を――

『**気合いでしたね**』

――と話す目黒蓮。

Snow Manの2019年加入組は、ずっとバク転や高難度のアクロバットが出来ないコンプレックスを持っていたそうだが、定期的にバク転の練習をしていた目黒は――

『**収録の前の日の夜?**
仕事終わりに練習してて、ふっかもそこにつき合ってくれてたんですけど、
『いけそうじゃん。明日いってみちゃえば?』
――ってアドバイスをいただいて。
めっちゃ緊張しましたね』

――と、当日の心境を明かしてくれた。

『めめのバク転は同じメンバーとして見てて、グッと来るものがありました。
あとで、めめに聞いてみると――
「バク転の瞬間は集中していたので、あまりみんなの声援は聞こえなかった。
でも放送を見て胸が熱くなった。
メンバーみんなの声、
特にしょっぴーの〝めめー!〟って声がよく聞こえてきて、
〝本当にやって良かったな〟って」
――と話してくれたんです。
そうか、放送で見た時とはいえ、ちゃんと届いていたんだな』

――そう言って微笑む渡辺翔太は、メンバーだからこその〝表からは見えない、裏での努力〟について、こう続ける。

『視聴者の皆さんは見られない部分を、俺たちはしっかりと見ている。
めめは実際番組でやってくれましたし、
ラウールと康二だって、負けじと練習してるのを見てますから。
だからこそ、めめの成功が視聴者の皆さんに伝わった瞬間がとにかく感動したんです。
きっとめめには、あの瞬間、
自分の中に「絶対に一発で決めてやる!」――という強い想いがあって、
だからこそ自分の殻を破ることも出来た。
次はラウール、そして康二の番ですよ』

最後に――

『でもまだまだ俺たちのほうが上だけどね』

――と、先輩の意地を見せた渡辺翔太。
こんな優しい先輩に見守られているとは、3人は本当に良いグループに入ったものだ。

〝美容マニア〟渡辺翔太が描く夢

『デビューしてからいろいろなタレントさんや芸人さんと共演させて頂いたけど、
バナナマンさんとサンドウィッチマンさんの番組に、
さっくんと2人で呼ばれた時は緊張した。
だって人数が〝4対2〟で、俺らのほうが少ないんだもん(笑)』

音楽番組の場合は9人で呼ばれるSnow Man。

もちろんバラエティ番組やトーク番組には単独出演や、厳選2名で呼ばれることもあるが、その場合でもMCの人数もせいぜい2人か、あるいは3人程度がほとんどだし、自分たち以外の出演者がいることが普通。

しかしこの『バナナサンド』(TBS)では、バナナマンとサンドウィッチマンという曲者コンビを相手に、渡辺翔太と佐久間大介のペアで挑まなければならなかったのだ。

「バナナマンとサンドウィッチマンは主にコントと漫才の違いはありますが、どちらも単独ライブのチケットが瞬殺されるほどの超人気お笑い芸人。しかもそれぞれ冠番組を抱えながら、〝今さら〟タッグを組んで深夜番組に臨んでいる。〝もし自分たちが組んで、新しい化学反応が起これば……〟と実験的な目的でスタートしたとも聞いていますし、面白いテレビ番組を作りたい情熱は失っていない。こういう番組に出ることで、渡辺くんも佐久間くんも新たな一面を開拓してもらうことも出来る」(人気放送作家)

バナナマン設楽統に「2人からどんな人物なのか(自己)紹介してもらっていい?」と振られると、まずは佐久間大介から口を開く——。

『〝アニメヲタク兼Snow Man〟の佐久間大介です!』

——と元気よく挨拶すると、

『(兼の)順番が逆だろ』

——とのツッコミが。

しかし佐久間は堂々と——

『アニメ好きのジャニーズとして一番尊敬しているのは宮田俊哉くんで、
自分は〝宮田一派〟っていうグループの構成員の1人』

——と説明。

そこで他の構成員について尋ねられると——

『構成員は宮田くんと僕の2人だけ』

——との返答に、サンドウィッチマンらは一斉に、

『一派じゃねえし!』

——のリアクションを浴びせる。

次に渡辺だが、実は内心『美容系の話がハマるか心配だった』という。

『バナナマンさんもサンドウィッチマンさんもアラフィフと伺っていたので、年令的にどこまで〝美容の話〟に食いついてくださるか、まったく見えなかったんです。だからコントでメイクする時のドーランの乗り方や、後処理で何がポイントか？……みたいなネタを仕込んではいました。どうせさっくんはノープランでやって来るでしょうし（笑）』

――正解（爆）。

『だから自分を「美容マニアです」と自己紹介して、「美容が好きで、一時期ピークの時は1日お休みがあったら5軒くらいハシゴしていました」――と、とりあえずイジりやすいネタで入っていったんです』

すかさず反応した設楽が『顔をガンガンイジってるの？』――と尋ねると、

『**メスは入れてないです。メスを入れるギリギリまではやってまして**』

——と、ヒアルロン酸の注入について説明。

磨きをかけて洗練された仕上がりを目指す「ブラッシュアップ」だと主張した。

「アラフィフには〝ブラッシュアップ〟がどこまで伝わったのかはわかりませんが、少なくとも設楽さんは興味を持ってくれました。渡辺くんの顔をジッと見つめ、感心したかのように思わず『**肌キレイだし、ヒゲも全然ない**』の言葉を溢したのです。そうなると一転して渡辺くんのテリトリー。『**ヒゲも脱毛。もうやっちゃっていて。一生、生えてこないです**』——と鼻高々に答えると、設楽さんは『**(脱毛は) どこまでやっているの?**』と興味津々。ピー音が入ったものの、伏せ字とはいえアイドルが言ってはいけない4文字が (苦笑)。思わず設楽さんのほうが『**それ言っていいの? おい大丈夫? 言い方だよ言い方**』——と、焦ってフォローしてました」(同前)

渡辺翔太は笑顔で『……っていうのを、(これからは) 言っていっちゃおうかな』と返し、スタジオの盛り上がりに繋げた。

『美容ってイコール〝自分の美意識〟だから、誰に指図されるわけでもなく、自分の目指す美を追求すればいいだけの話。

脱毛だって女性の方は頭髪以外の全身9割ぐらいの面積は処理済みか、もともと生えてこないでしょ?

俺自身は脱毛については、やりたいことはやれてるからね』

そう、美意識とは常に自分自身の問題。

だから渡辺翔太は、Snow Manや周囲の友人、スタッフには『まったく何も押しつけない』と語る。


『聞かれれば答えるしアドバイスもするけど、その先はどうするかなんて本人の問題。

もちろん俺を見習いたいって人にはスペシャルな情報を提供するし、俺に「すべて任せるからプロデュースして欲しい」と頼まれたら、精一杯その気持ちには応えたいね。

残念ながらまだ現れてないけど(笑)』

たまに「YouTubeで本格的なメイク配信をやりませんか?」とのオファーが来るというが——

『公式以外で個人の収益が上がったら副業になるし、
Snow Manとしてみんなで作る動画以外には興味がない』

——と返す渡辺翔太。

ただし……

『ずっとずっと先の話だけど……
〝美容サロン〟は開いてみたい。
還暦になる前には(笑)』

——と、遠い将来の夢は描いているようだ。

渡辺翔太と宮舘涼太を結ぶ〝人生の絆〟

今年の2月、タレントの指原莉乃が自身の公式YouTubeチャンネルの質問企画で、渡辺翔太に〝ラブコール〟を送った。

「〝ラブコール〟といっても、ダメ元での〝YouTubeコラボ出演の依頼〟ですけどね。ファンの質問に答えていく中で〝渡辺翔太くんとの共演をひっそりと楽しみにしてます〟というリクエストをピックアップ。彼女は『Snow Manの渡辺くん、実は高校の同級生なんです』『テレビでは1回しか共演してないですもんね。来てくれないかな？　YouTubeに』『渡辺翔太くん、待ってま〜す』——と反応したんです」（人気放送作家氏）

しかしすぐに「でも絶対無理だと思うから、私が代わりに歌っときます」と言いながら、Snow Manのデビュー曲『D.D.』をアカペラで披露した指原莉乃。

対事務所で正式にオファーしても実現はしないだろうから、ネタとしてファンの質問をイジったように見えた。

「2人が同じ高校の同級生であることは、互いのファンの間では何年も前から知られた話ですからね。しかし渡辺くんがいくらジャニーズJr.時代から活躍していたとしても、指原さんはAKB48の総選挙に9回立候補して3連覇を含む4回の1位を獲得。タレントとしての知名度は圧倒的に上ですから、指原サイドにしてみれば同級生ネタを披露するメリットがなかった」(同人気放送作家氏)

もちろん渡辺サイドも、AKB48からHKT48に移籍して活躍していた〝女性アイドル〟との関係を、たとえ単なる同級生だとしても、ファンのためには公にはしたくないのが本音だろう。

「しかし今から2年前の2019年3月、Snow Manがジャニーズ Jr.ながらも『MUSIC STATION』に出演した際、ちょうどAKB48の選抜メンバーとして出演していた指原さんの口から、『Snow Manの渡辺くんが高校の同級生でクラスが同じだったんですよ。本当、クラスの人気者で目立つ存在でした』――と2人の関係が明かされ、渡辺くんも『当時、指原さんは研究生だったので、僕が上から目線で〝お互い頑張ろうな〟みたいなことを言ってて、卒業したら指原さんめちゃくちゃ売れてて。ちょっと共演出来て嬉しいです』――と、言わされた感満載でリアクションしていましたね」(同前)

高校生時代に〝クラスの人気者（※指原調べ）〟だった渡辺翔太は、実は〝手話検定〟を取得している。

どうやらNEWSの小山慶一郎が手話で会話をしていたことに影響を受け、「いつかファンの方と手話で話せるように」と検定に合格したのだから、高い意識の持ち主なのは間違いない。

しかし指原との共演からYouTubeまでの一連のエピソードの中で、どうしても気になることが一つだけある。

それは渡辺翔太と産院、幼稚園、ダンススクール、高校、大学、Jr.内ユニット、デビュー……と、同じ道程を歩んできた宮舘涼太について、指原莉乃からは何も言及されなかったことだ。


『ジャニーズJr.に入ったのは俺のほうが早かったけど、後はまあ、ずっと一緒。

指原さんもダテがいたことは知らないはずがないんだけどね。

何で俺の名前を出した時にダテの名前を出さなかったのか。

最初は「2人が高校時代につき合っていて、元カレ元カノだからじゃない？」

……って言う人もいたけど、それはもちろん事実無根。

ザックリ言うと、性格が合わなかったからじゃね（笑）』

宮舘も指原も人見知りで、自分から積極的にコミュニケーションを図るタイプではない。しかも同級生とはいっても3人が通っていた高校は通信の単位制なので、そもそも登校日も少なく、しかも限られていたと聞く。一般的に想像する全日制の男女共学校とは環境が違うという事情もあるだろう。

『実際、ダテは昔から自分のことを表に出して周囲から〝理解されたい〟と思うタイプじゃないし、
俺もそうだけど、指原さんには、
〝たまたま同じ時期に同じ学校に通っていた〟以上の感情はないと思う。
高校時代にほとんど絡まず共通の思い出もないから、
あえて自分からは「俺も同級生だろ!」とは名乗りを上げない。
それが〝ザ・ダテ様〟だから』

——最も身近にいる渡辺翔太がそう言うならば、宮舘涼太はそういう人なのだろう。

『ファンの方たちからは、〝最強シンメ〟とか、
幼稚園から一緒なので〝ユリ組（※幼稚園の組の名前）〟として推してもらってるけど、
自分たちとしてはつき合いが長すぎて、特別面白かったり珍しかったりするエピソードもない。

高校の時もそうだし、大学の時もそう。

だけど今の時点でも人生の3分の2は同じ時間を過ごし、同じ道を歩いてきた。

そんな俺がわからない、理解出来ないダテはいないよ。

でもそういえば、ダテがバラエティに出てるのを家で見ていて一人で笑ってることはある。

だってその時は、〝俺の知らないダテ〟がいたから（笑）』

2人の関係性が羨ましいのは、宮舘涼太のこのセリフからもわかる——。

『さすがに3才からの幼なじみなので、
たとえばSnow Manのミーティングで離れた場所に座っている時でも、
特別話したりアイコンタクトを取らなかったりしても、
翔太の考えていそうなこと、次にどんな意見を出してくるか、
長いつき合いだからこそ〝お互いがお互いをわかっちゃう〟部分がたくさんあります。
ちなみに僕は確かに指原さんと特別絡む必要性を感じなかったけど、
その指原さんに限らず翔太のコミュニケーション能力にはいつも驚かされてましたね。
ちなみに昔、SixTONESとSnow Manはガチで雰囲気が悪くて、
でもそんなグループ同士を近づけてくれたのも、
その翔太のコミュニケーション能力のおかげですね』

2人以外には見えない、決して切れない人生の絆。
渡辺翔太と宮舘涼太は、その〝絆〟で結ばれているのだ――。

『自分が本当に正しい道を進んでいるのか、自分には見えないことも多い。だから俺は、意見をしてくださる方を拒否しない』

普通のタレントは〝耳障りの良い言葉〟で自分を乗せてくれるスタッフが周囲にいたほうが、いつも気分良く仕事が出来ると喜ぶもの。しかし渡辺翔太はその逆で、自分に厳しい意見をぶつけてくれるスタッフを欲するそうだ。「でも、ちゃんと筋の通った指摘をするスタッフを選ぶよ。揚げ足を取るスタッフは単なるアンチじゃん（笑）」——とのこと。

『タレントにとっての最大の敵は〝自惚れ〟じゃないかな？
時には必要な時もあるけどさ』

〝美容番長〟にとって至福の時は、鏡に映る自分に酔いしれる時間。
ある意味、「魔法の鏡を覗き込む『白雪姫』の魔女並みのナルシスト」
（深澤辰哉 談）らしい（笑）。

『〝次に何をやるか〟決めるのは、さほど難しくない。大切なのは、やらないことを選んだ時に後悔しないための、判断を信じる心の強さ』

まだまだ仕事を選べる立場にはないが、数年後にそういう立場に立った時には、「自分の判断をいつも正解だと信じる心。選ばなかったほうがヒットしても、それを羨まない心でありたい」――と語る渡辺翔太。

5th Chapter

向井康二

Koji Mukai

—俺たちの絆—

向井康二が感じている〝メンバー同士の絆〟

Ｓｎｏｗ Ｍａｎのメンバーは――

『新型コロナは自分たちとファンのみんなの間にめちゃめちゃ距離を作ってしまったけど、
でもメンバー同士の絆はすごく強くなった。
コロナ禍が収まってお客さんの前でライブが出来るようになれば、
きっとファンのみんなは〝僕らの絆〟を感じてくれるはず。
僕らは転んでもタダでは起きないし、必ず災い転じて福にしてみせる』

――と話しているという。

「そしてそれを最も体感し、これから実現させていくのは向井康二くんだと思います。彼自身も**『そのつもり』**——だと話していましたから」

TBS『アイ・アム・冒険少年』を担当する構成スタッフ氏は、番組収録にやって来た向井康二に「サイコーに面白かった! 舞台も見てみたい」と『滝沢歌舞伎ZERO 2020 The Movie』の感想を伝えていた際、ふと「(今年になってから変わったな)」と、番組担当者だからこそ気づく微妙な変化を感じていた。

「1年近くやって〝番組に慣れてくれたからかな?〟と、最初は思ったんです。打ち合わせでも**ずいぶんと落ち着いて、風格すら出てきたというか……**」(『アイ・アム・冒険少年』構成スタッフ氏)

目黒蓮と共に、2020年4月から『アイ・アム・冒険少年』のレギュラー陣に加わった向井康二。また単独でも、Snow ManのCDデビューとほぼ同時期から『芸能人が本気で考えた! ドッキリGP』にも出演。

関西ジャニーズJr.時代はほとんど関西ローカルの番組にしか出演していなかった向井に、いきなりゴールデンタイムのレギュラー番組が入ったのだ。

衝撃を受けたのはSnow Manの仲間よりもむしろ、関西ジャニーズJr.のメンバーだったという。

『「東京ってホンマに凄いトコなんやな」——って、
何人からも連絡をもらいました。
特に〝なにわ男子〟はかなり刺激になったみたいで、
「ジーコ（※主に関西Jr.時代の愛称）が出来るんやったら俺らにも出来る！」
——と燃えてますね。
……いやいや、出来るんか？　出られるんか？
俺様を軽く見てるんちゃうか（笑）』

向井康二がそんな風格、つまりは自信をつけた裏側には、コロナ禍によって深まったメンバーとの絆があった。

『ライブや音楽番組の収録も無観客。
ファンのみんなと直接会える機会がなくなって、
逆にその分、この1年はメンバー同士でお互いの〝素〟に触れる機会が増えたんです。
そうしてメンバーのことをより理解して、より好きになった。
一方では苦手な部分、嫌いな部分もちゃんと腹を割って話し合えたんで、
確実に絆が強くなりました。
これは俺一人だけが感じていることではなく、きっと全員が感じていること。
だからこそ俺も、ゴールデンでも堂々と番組に臨めるんです。
たとえピンで出ていても、俺の後ろにはメンバーがいてる。
〝支えてくれている〟実感があるから』

――そう話す向井は自信に満ち溢れている。

『『冒険少年』を通して一番距離が近くなったのは、やっぱり〝めめ〟ですよね。
テレビで見てくれてはる人はわかるやろうけど、
アイツは絶対に何事も中途半端で終わらせない。
一旦〝やる〟と決めたら、周りが止めても出来るまでやり続ける。
顔もスタイルもいいし、それでいて〝ツンデレ〟も魅力』

一方、そう話す向井について目黒は――


『康二は〝究極の寂しがり屋〟。

常にメンバーや周りのスタッフにベタベタしていないとダメで、めっちゃ距離感が近い。

何か関西弁には似合わないキャラなんですよ』

――と明かす。

『実際にめめの言う通りで、仕事が終わって家に帰っても一人やから、
めめやメンバーにテレビ電話をかけて寂しさを紛らせてますね。

もともと〝人が大好き〟な性格で、さらに相手がわかり合えてる人やったら尚更。

ソーシャルディスタンスが解除されたら、メンバー全員を抱き締めてあげたいぐらい（笑）。

めめとラウールみたいにデカい人には膝枕をしてもらいたい。

何かピタッとハマるから（笑）』

向井が目黒に膝枕をしてもらいたい理由には――

『アイツはいつもメンバーのことを気にかけてばかりいて、
メンバー同士が揉めていたら誰よりも早く仲裁に入る。
性格的には完全に〝お母さん〟。
男は誰でもお母さんに甘えたいやん？』

――という理由もあるらしい。

『俺が去年、配信ライブの最中にコンサートスタッフさんと揉めたことがあって、めめのアドバイスでスタッフさんと直接話し合って解決したところまでは良かったんですけど、自分の気持ちを押しつけすぎたというか、〝年上のスタッフさんに対して偉そうにしてしまったんじゃないか〟……ちょっと後悔して悩んでたんですよ。そこに〝しょっぴー〟が入ってきて、「それは康二が良くない」——と注意されたんで、いきなりめっちゃ寂しくなって、「しょっぴーは俺の味方してくれへんの!?」——と口喧嘩になってしまったんです』

年長のスタッフに対する態度を後悔していた向井には、渡辺翔太の〝正論〟がいかにも厳しく突き刺さったのだろう。

後ろめたいところを突かれると、誰しもついつい逆ギレしてしまうもの。

『そこにすぐめめが入ってくれて、
俺としょっぴーは揉めたことを〝水に流す〟意味も込めて、
2人でシャワー浴びたんです。
めめが入ってくれへんかったら、俺は素直になれなかった。
しょっぴーも俺のこと、
「自分が悪いのに何で逆ギレしてんだよ」……って、
嫌いになっていたかもしれない。
〝めめママ〟には感謝しかありません』

――当時の出来事をそう明かす向井。

……というか、〝2人でシャワーを浴びて水に流す〟って、ちょっと出来すぎてない？
ずっと温めてきた〝ネタ〟じゃないの、それ（爆）。

『つくづくコロナ禍を通して、
自分がいかに〝良いメンバーに巡り会えた〟のか、
毎日のように絆が強くなっていくのを感じる』

そう語る向井康二には、Ｓｎｏｗ Ｍａｎの〝バラエティ番長〟として、これからもグループを、仲間を牽引して欲しい。

そしてメンバー同士、より深く理解し合うことで、Ｓｎｏｗ Ｍａｎの絆がさらに強く固くなっていくことを願う——。

向井流〝ストレス解消法〟

ジャニーズ事務所の所属アイドルには〝サウナ好き〟が多い。

「気がつけばもう9年も経ってますが、2012年の4月にはTOKIOの松岡昌宏くんが六本木のサウナ店で脱水症状を起こし、都内の病院に救急搬送されたこともありました。彼のサウナ好きはファンの間でも有名ですが、前夜に酒を飲みすぎると寝起きに顔がむくむため、仕事現場に向かう前に行きつけのサウナで汗を出してむくみを取ることを日課にしていたとか。しかし明け方までの深酒とサウナが体に良いわけがなく、プロ意識が仇となってしまった出来事でしたね」（芸能記者）

さすがにその後は〝自重〟しながらのサウナ通いだそうだが、この松岡以下、岡田准一、相葉雅紀、二宮和也、横山裕、大倉忠義、亀梨和也、薮宏太、有岡大貴、山田涼介、北山宏光、佐藤勝利、藤井流星……と、掘れば掘るだけ（？）サウナ好きが揃っている。

そんな錚々たるメンバーに『俺もめっちゃサウナ好きですよ！』と名乗りを上げたのが、向井康二だった。

『今はなかなかサウナに行ける状況やないけど、そもそも大阪はめっちゃサウナが充実した街で、ミナミ（なんば）にもキタ（梅田）にもごっついサウナがあるんです。

俺もまだ十代の頃に関西Jr.の先輩に連れていかれて、生活のルーティンに組み込まれてますからね。

ちょっと東京の先輩方に、本場仕込みの技を見せつける気マンマンですよ』

〝本場仕込み〟の意味がまったくわからないが(笑)、Snow Manのメンバーではまだ9人になる前の6人時代、渡辺翔太や佐久間大介がたびたびサウナをトークネタにしていたことがあったという。

それでも『サ道』こと〝サウナ道〟を極めるほどのノリではなく、たまに行って「汗流したら気持ちいいよね」程度だ。

それに渡辺に関していうと、〝あまり新陳代謝を良くしすぎると、毛穴が開いて閉じなくなる〟と、都市伝説っぽい噂にビビりながら通っていたとか。

少なくとも〝サウナ室（10～12分）〟〝水風呂〟〝外気浴（休憩）〟を最低3セットは繰り返し、サウナによって体が「整う」状態に持っていくほどのサウナ好きでもあるまい。

とはいえこのご時世では、サウナに通いたくともタレントとしては通い難いのでは。

「あまり大きな声では言えませんが、おそらくはジャニーズ事務所が作ったサウナ付きのジムに通い始めていると思います。かつては六本木や西麻布などにタレントご用達のサウナがありましたが、今はジャニーズのタレントさんもほとんど出入りしていません。まあ嵐の相葉くんみたいな〝健康ランド好き〟は別ですが」

フジテレビ『芸能人が本気で考えた！ドッキリGP』制作プロデューサー氏によると、「ジャニーズ事務所は秘密保持はもちろんのこと、ある意味ではタレントさんの福利厚生施設。以前から滝沢（秀明）副社長が〝タレントが安心して通えるジムが欲しい〟と計画していて、岡田准一くんがジムに揃えるトレーニング器具を監修した」とのことで、そこにはシャワールームやサウナ室も完備してあるそうだ。

「向井くんは嬉しそうに『**普段めったに会われへん先輩と裸のつき合いが出来る！**』――と喜んでました。しかもトレーニングは『**照にトレーナーをやってもらいたい。コロナ禍が終わったらちゃんとメシぐらいご馳走する**』――そうで、彼にしてみれば〝社交場〟にもなるんじゃないですか？」

今はまだ専用ジムには使用制限とルールがあるそうで、コロナ禍のうちはタレント同士の会話、同じ時間帯にジムを使える人数の上限など細かく決められているらしい。

『〝汗を流す〟って、サウナにしろトレーニングにしろ、俺には一番のストレス解消法なんです。

照に基礎からトレーニングを叩き込んでもらって、終わったら一緒にサウナに入る。

前に話したら――

「トレーニングはトレーニング、サウナはサウナで分けなきゃダメ。

キッいトレーニングの後は筋肉をクールダウンさせなきゃいけないのに、
ヒートアップさせてどうすんだよ」

――って怒られましたけど（苦笑）。

でも俺にとって重要なのは照とトレーニングする時間や、
メンバーや先輩たちとサウナに入る時間。

そういう風に時間を共有すれば、よりお互いの理解が深まるからね。

俺は今、猛烈に〝人〟〝人間〟を知りたいんよ！』


――なるほど。向井康二らしいといえばらしい、濃厚な時間の使い方だ。

『一人の時は一人の時で、いろいろとやらなアカンことも多いからね。

俺の場合、毎朝のルーティンもめちゃめちゃ大切。

必ず決めているのが、仕事に出る前に掃除と洗濯を済ませること。

朝何時起きでも家を出る2時間前に目覚まし（時計）をかけて、
まずはお風呂の追い炊きスイッチを入れ、沸くまでの間に掃除機と拭き掃除を済ませるんです。

洗濯物は入浴中に洗濯機を回して、風呂上がりのスキンケアと保湿が完了したら外に干す。

ここまで終わったらコーヒーを入れて、飲みながら朝のニュースをチェック。

最後、出かける直前までソファでくつろぐのが、優雅な俺のルーティン。

前の日にサウナでストレスを解消して、朝のルーティンで気持ち良く仕事に向かえるの、
最高すぎると思いません？』


確かに最高すぎる。

皆さんも、向井流〝朝のルーティン〟を真似してみてはいかが？

……なかなか出来そうもないけど（苦笑）。

運命を決めた〝1枚の写真〟

趣味であるカメラの腕前と知識は、同世代のプロカメラマンと比べても劣らないほど。現に昨年の7月号まではカメラ専門誌『アサヒカメラ』に、『AERA』では今なお連載を持っている向井康二。

「Johnny's webの公式ブログ『すの日常』でも、向井くんは自分の番では新しいカメラやレンズの話をしていたり、自撮りの写真やメンバーたちの〝ふとした瞬間〟の写真を掲載。彼のセンスはファンの皆さんからも絶賛されています」（人気放送作家氏）

趣味のカメラについて向井自身は、こんな風に話している――。

『さすがにファンの皆さんは知っていてくれてると思う……いや、そう信じてますが（笑）、
趣味の相棒（※カメラ）で写真を撮っていると、いつも力が湧いてきます。
もちろん撮る時ばかりじゃなく、レンズの汚れや埃を掃除して、
相棒のメンテナンスをしている時も幸せを感じますね。
そうやって常に大切に大切に扱えば、撮りたい写真を撮りたかったように撮らせてくれる。
この感覚はカメラを扱う人にしか通じないかもしれませんけど』

――何となく向井の言いたいことはわかる気がする。

『写真は撮る時だけじゃなく、事前の準備からシミュレーション、そして本番、
撮った写真をデータに取り込んで、修正をかけるところはかける――
その一連の作業って、テレビ番組をオンエアするまでの過程にも似ているんですよね。
一つだけ違うのは、写真は俺を癒してくれるけど、
テレビ番組はスベったらエラい目に遭うところかな（苦笑）』

特に自信があるのは、Ｓｎｏｗ Ｍａｎのメンバーだからこそ撮れる舞台裏の写真だ。

『ぶっちゃけ公式ＳＮＳでバズるんで、こっちも力が入りますね。
最近は照やさっくんがリハーサルや稽古で見せる〝ギリッと真面目な顔〟。
本番でキリッとしていないわけじゃなくて、本番とは少し違う、
〝ギリギリまで追い込まれている感〟が出てる写真は、ほぼ間違いなくバズります。
ファンのみんなが何を求めているのか、ようやく掴めたんとちゃうかな』

そんな向井康二には『本当に撮りたいけど、もう撮れない』写真があるという。
向井は『今だから言えること』と前置きをして――

『やっぱりジャニーさんの写真、ちゃんと撮りたかったな。
畏れ多くて頼めなかったけど、俺とジャニーさんを結んでくれたのも〝1枚の写真〟やったから』

――と寂しそうに語った。

父親は日本人、そして母親はタイ人の向井康二。

幼い頃はタイで暮らし、2才年上の兄と共に地元のムエタイジムに通っていたという。

滝沢秀明の付き添いでタイを訪れていたジャニー喜多川氏が、そのジムに飾られていた向井の写真に目を留めて連絡先を尋ねると、すでに向井一家は日本に帰国。諦めきれないジャニー氏は1日に何回も電話をかけてアタックし、反対するご両親を口説き落とす。

しかし弟の康二はまだ小学2年生だったため、5年生の秋まで待って関西ジャニーズJr.として入所。

1994年生まれの向井が小学2年生だったのは2002年なので、そこからカウントするとジャニーズ事務所との縁は丸19年の長さに至るのだ。

『ジャニーさんが俺をスカウトしてくれるきっかけが、ジムに飾ってあった1枚の写真。
それが俺とジャニーさんの縁を繋げてくれた証として、
Snow Manに入ってから〝2人のツーショット〟を撮りたかったんですよね。
特にデビューが決まった時、ジャニーさんは病院のベッドにいてはったから……。
〝亡くなった〟と聞かされた時は、
小2からの思い出がホンマに走馬灯のように駆け巡りました』

そして向井は自分の趣味が写真であることも――

『きっと神様が自然に俺の手にカメラを握らせてくれたんやと思う。
すべては運命』

――と語る。

『カメラは俺を癒してくれるし、カメラでメンバーを撮るとめちゃめちゃ元気が出る。

でも時には、それでも落ち込むぐらいの失敗をしでかすこともある。

そんな時は相棒を持って、夜景を見に車を走らせるんです。

好きな曲を流して、それがバラードやったらもっと落ち込むこともありますけど（苦笑）。

泣きたくなったら思いっきり泣きますね。

やっぱりタイ人の血が流れているからか、
感情がブワッと溢れたら表現が激しくなってしまうみたい。

でも泣いたらめっちゃ気持ちが軽くなるし、
別に俺は「男のクセにカッコ悪い」とはまったく思いませんね。

それから大好きな夜景が撮れる京浜工業地帯とか、24時間開いてる羽田空港の国際線とか。

一旦泣いて、落ち着いてから写真を撮ると完全にリセットされるんですよ。

どんだけ嫌なことを忘れられるか、俺の場合はそれに尽きるかな』

メンバーは頼りになるけど――

『ホンマのドン底におる時は絶対に連絡しない』

――という向井。

『もし俺のネガティブイオンが飛んでって移ったら困るしね。マイナスイオンはまだしも』

最後はオチをつけるかのようにそう話した向井。

自らの運命を決めた〝1枚の写真〟。

カメラは向井康二にとって、無くてはならない〝人生のパートナー〟なのかもしれない――。

向井康二フレーズ集

『単純に、前例がないからこそやってみたかったたし、
成功してみんなを驚かせてやりたかった』

現役の関西ジャニーズJr.、それもメインでMCを担当していた向井康二が、突然、東京のジャニーズJr.への移籍。人生を賭けた決断の裏にあった前例なき挑戦への意欲。

『今の自分の姿を2年前の俺が聞いたらビックリだよね。
つまり人生は何が起こるのかわからないし、
諦めるのはもったいないんちゃう？』

ジャニーズJr.に定年制が導入されることになり、該当するJr.たちに焦りの声が。しかしそんな彼らに「(定年制は) 2年後からやろ？やれることはまだまだあるで」――と、自らの体験を交じえて励ます。

『結構な大口を叩くヤツほど、行動も結果もめっちゃショっぱいねん。
ホンマにやる男は、黙って結果を見せてくれるもんや』

概して大口を叩く人ほど、こちらが期待するほどの結果が得られないもの。しかし向井康二は「逆に俺が大口を叩く時は、自分を追い込んで絶対に失敗したくない時。だってそれで結果を出せなかったら、大口を叩いたのにめちゃめちゃ恥ずかしいやん?」——とも言う。向井康二があえて大口を叩く時は、絶対に失敗したくないから自分を追い込んでいる時なのだ。

Snow Man

俺たちの絆

Snow Man

6th Chapter

阿部亮平

Ryohei Abe

—俺たちの絆—

岩本照との間に築かれた〝思いやりと感謝〟の絆

『Snow Manのリーダーは、選ぶも選ばないもなかったですね。
僕の中では2012年からずっと〝岩本照〟であり続けていますから』

岩本照と共に93年組の阿部亮平。

現在のSnow Manは最年長の深澤辰哉と最年少のラウールの間に11学年の差があるが、結成当時は92年組と93年組、1学年しか変わらないところが特徴でもあった。

「Snow Manは結成時からほぼ同い年のメンバーが揃っていたので、それぞれが〝面白がる〟感性や方向性が似ていたし、同年代ゆえの仲間意識が強かった。彼らがアクロバットに活路を見出したのも、年令の近さと感性の近さが影響したのだと思います。それが彼らがJr.として〝長生きした〟理由の一つでしょう」

長年、ジャニーズJr.を見続けてきたテレビ朝日のベテランスタッフは語る。

ところが一方、阿部と岩本は別の宿命を背負ってしまう。

「阿部くんと岩本くんと同学年、つまり93年組のジャニーズJr.はとりわけ人材が豊富で、最も早く脚光を浴びた中山優馬くん以下、山田涼介くん、中島裕翔くん、知念侑李くん、橋本良亮くん、中島健人くん。関西Jr.には藤井流星くん、神山智洋くんがいたのです。そんなメンバーに囲まれ、Snow Manが結成されたのは2012年。すでに東京Jr.の有望株がCDデビューした後でした」
（テレビ朝日ベテランスタッフ）

ちなみにジャニーズJr.だけに93年組の才能が集まったわけではなく、広く芸能界を眺めてもなかなかの素材が集まっている。

たとえばHey! Say! JUMPの山田涼介が中学生時代に出演したドラマ『探偵学園Q』（TBS）には、93年組の神木隆之介、志田未来が。男性陣には目立つところだけでも福士蒼汰、竹内涼真、野村周平。またLDHの白濱亜嵐、忘れちゃいけない現役ジャニーズJr.随一の演技派・高田翔もいる。

「同学年のジャニーズ、あるいはタレントたちが芸能界で頭角を現す中、共に励まし合って今のポジションまで登ってきたのが阿部くんと岩本くんの〝あべいわ〟コンビです。2人の絆を証明する有名なエピソードが、大学受験のために活動を休止していた阿部くんのもとを、ふいに岩本くんが訪ねたエピソードでしょう」（同テレビ朝日ベテランスタッフ）

ご存知の方も多いかもしれないが、阿部が冬期ゼミに通っていた予備校の最寄り駅で、岩本と待ち合わせた時の話だ。


『時間はほんの30分ぐらい。

でもあの30分がなかったら、俺はＳｎｏｗ Ｍａｎから脱退して、ジャニーズ事務所も退所していたと思う。

ライブが終わった照が予備校の最寄り駅まで来てくれて、家に帰るまでの30分の間、お互いに近況報告をしたり、活動休止してる間のメンバーの様子を細かく教えてくれたんです。

ちょうどその頃、Ｓｎｏｗ Ｍａｎから少し心が離れかけていたというか、勉強しながら志望校に合格した後の人生設計とか、ぼんやりと考えていて……。

でも照から話を聞いたらメンバーの顔やリアクションが頭の中に浮かんで、「俺もＳｎｏｗ Ｍａｎに戻りたい！」――と、素直に思えたんです』

――当時を振り返った阿部。

阿部亮平にとって、岩本照は〝自分をジャニーズに、Ｓｎｏｗ Ｍａｎに繋ぎ止めてくれた恩人〟なのだ。

『それからずっと、同い年でも照は頼れるアニキ。
だからSnow Manが結成された2012年から、
俺の中では照以外に〝リーダー〟は考えられなかったんです』

そして岩本には岩本なりの「阿部ちゃんをずっと気にかけていた」理由があったという。
「岩本くんは『本当は休んで欲しくなかったから、阿部ちゃんとはとことん話し合った』そうです。それでも活動を休止することに賛成したのは、阿部くんが『自分には目立つキャラがない。だから〝お勉強キャラ〟を確立するためには、しっかりと受験をして有名大学に入らなければならない』――と強い意志を示したから。それを聞いた岩本くんは『そこまで気持ちが固まってるなら一番の応援団になるのは自分しかいない。それが仲間の役目』――と決めたそうです」(同前)

この時、岩本は――

『正直に言って、阿部ちゃんが戻ってくる確率は〝五分五分以下〟』

――だと感じていたそうだ。

「まず岩本くんは、『**阿部ちゃんは現役で合格しなければジャニーズを辞めるのでは**』……と考えていたそうです。阿部くんの性格上、〝ワガママを言って休ませてもらったのは現役合格するためで、不合格になったら責任を取る〟つもりじゃないかと。ただし、その〝五分五分以下〟というのは合格する確率ではなく、合格したらしたで〝将来を考え直す〟可能性があるのでは？……の予感がよぎったから。『**俺なんか想像もつかない有名大学に入ったら、違う未来が見えても仕方がない**』と、岩本くんは阿部くんのことを応援しながらも『**不安でたまらなかった**』――と振り返っていました」（同前）

岩本の複雑な心境を知ってか知らずか、見事に現役合格を果たした阿部亮平は、真っ先に岩本に――

『**今からSnow Manに戻るからね！**』

――と連絡を入れた。

生涯忘れられない、お互いへの思いやりと感謝。

Snow Manの根底には、いつもそれがあるのだ――。

阿部亮平が目指すキャラは〝そっち系〟?

渡辺翔太に言わせると、最近の阿部亮平は――

『インテリキャラよりも〝あざといキャラ〟じゃない?』

――らしい。

『このところインテリキャラはトラジャの(川島)如恵留に取られてるし、
ジャニーズインテリ軍団の団長面してふんぞり返ってるけど、
人間、地位や権力を笠に着るようになったら終わりだぜ』

――と、阿部は渡辺にかなり手厳しくツッコまれたというではないか。

『しょっぴーはSnow Manのご意見番だから、
あのセリフは俺のケツを叩いて気合いを入れてくれただけ。
去年の年末に「最近ちょっと焦ってる」って相談したから、
そのアンサー的な意味も含まれていたと思う』

――そう語る阿部。


冷静な視点でメンバーの出演番組を〝斬る〟ことでは定評がある渡辺翔太。

『アイ・アム・冒険少年』(TBS)や『ドッキリGP』(フジテレビ)を見た感想を、個人ではなくメンバーのグループLINEに送り、他のメンバーの意見を〝公開〟で求めるそうだ。


『堂々と自分の意見を発し、みんなにも考えさせるのが、しょっぴーのやり方。

それだと特定のメンバー同士で揉めたりしないし、公開することで公平なやり取りが出来る。

そういった意味では〝調整役〟みたいな感じかな』

――渡辺のグループ内での役割についてそう分析してみせた阿部。

その渡辺に――

『そりゃあ世間は〝気象予報士アイドル〟より〝宅地建物取引士アイドル〟のほうが物珍しいだろ』

――と、キツいツッコミをもらった。

『去年の秋ぐらいからクイズ番組で如恵留の出番が増えて、
「実際にちゃんと結果を出していることに焦っている」――って相談したら、
まずそう言われたんです。
「だって気象予報士って、毎日何十人もテレビに出てるじゃん。
視聴者からすればお前も石原良純さんも同じジャンル。
それに比べて宅地建物取引士をクイズやバラエティで見る？」――って、
間違いなくその通りだもん。
反論出来ない（苦笑）』

確かに川島如恵留が露出することで、徐々にTravis Japanの認知度も上がってきた。同じ2012年に結成されたユニットなだけに、後輩の活躍ぶりを応援してあげたいのはやまやまだが……。

『でもさ、それで俺に「〝あざといキャラ〟で行け!」――って言われても、そのジャンルは気象予報士よりもライバル多くない!?』

実は阿部、以前から〝それ系?〟と言われたことが何度かあるそうだ。

『〝それ系〟って〝おネエ系〟ですけど(笑)。一昨年ぐらい、言われたことがあります。仕草じゃありませんよ!「阿部くんは、おネエみたいに〝人の痛みがわかる人〟」――って』

それはメンバーに接する際の〝阿部独特のアプローチ〟にあるという。

『俺以外の8人、誰かが落ち込んでいる空気をすぐに察知することが出来ます。
でもだからといって、むやみに話しかけたりはしない。
一歩間違えると〝気遣いの押し売り〟みたいになっちゃいますから。
きっとみんな、誰かに話を聞いてもらいたがってる。
そんな時、ごく自然にそのメンバーの視界に入るんです』

――なるほど。それは確かに細やかな気遣いが出来て〝人の痛みがわかる人〟だ。

『ただ、つき合いの濃い照の場合、俺のそういう面も熟知しているので、
あえてこっちから「今日、家行ってもいい?」――と話しかけます。
それで照の家でお酒を飲みながら、『SASUKE』や照のトレーニング風景を撮ったビデオを見る。
そうすると一つ一つ解説してくれるので、いつの間にか元気になってますね。アイツは(笑)』

コロナ禍以降は家にも寄れないので、リモート飲みで話を聞いているそうだ。

『逆に外に連れ出すのは康二。
都心の某シネコンに行って、あいつの精神状態に寄せた映画を観ます。
結構多いのはアクション系で、それも〝大作〟と呼ばれる作品。
だいたい、主人公になりきって鼻息を荒くしてますよ』

――各メンバーに合わせた対応には、思わず関心させられてしまう。

『みんな普段は好きなテレビ番組を録画してもなかなか見返せないから、
あえてそういうのを掘り返させて一緒に楽しみます。
特にラウールは俺と一緒で笑いのツボが深さ3ミリぐらいしかないから、何を見ても笑ってる。
人間、心から笑っている時は嫌なことや辛いことを忘れていられるから、
落ち込み度合いによってたたみかけますね。
みんながさっくんみたいに、
好きなアニメのBlu－rayを渡したら元気になる性格だと楽なのに（笑）』

そしてやはり渡辺翔太は、一味も二味も違うようだ。

『しょっぴーも自分から話したほうが元気になるタイプだけど、
でも落ち込んでいる原因とかを話してもらうんじゃなく、
たとえばトーク番組や少しお堅い討論番組を見ながら、
好き勝手にツッコむのを隣で聞いているだけでいいんです。
やっぱり彼の分析は面白いし、
たまに「それ、◯◯（テレビ番組）で使えるね」とフォローを入れると、
「そう？」とか言いながら結構嬉しそうにしてるんです。
しょっぴーのその顔を見るの、好きだな～』

それにしてもここまでメンバーの性格を把握しているとは、さすが〝インテリジャニーズ軍団〟を作り上げた男だけのことはある。

ちなみに何だかんだ言いながら本人、阿部亮平が落ち込んだ時の解決法は――

『う～ん……時間が解決してくれるのを待つだけ、かな？』

……どうやら自分だけは上手い解決法が見い出せていないようだ（苦笑）。

阿部亮平にはあえて〝あざといキャラ〟など目指そうとせずに、今のままの〝人の痛みがわかる人〟でいて欲しい。

きっと、このまま進むことで、自ずと〝最良の道〟が開かれるに違いないのだから――。

〝日本初〟に出演した阿部亮平〝2021年の誓い〟

『まさか康二と2人でシルバーネックレスのイメージキャラクターに選ばれるなんて。
いや、相手が康二だから不満とかそんなんじゃなく、
ハッキリ言って「本当に俺たちでいいんですか? ラウールとめめじゃなくて」……と、
申し訳ない気持ちのほうです(苦笑)』

セブンネットショッピングが今年の1月7日から発売している新商品のネックレス『SILVER SNOW』のイメージキャラクターに、Snow Manの阿部亮平と向井康二を抜擢。同時に2人が出演するテレビCMもオンエアされた。

「商品名が『SILVER SNOW』だけに、Snow Manはイメージにピッタリ!――というとことでしょう。またキャッチコピー〝君と僕のキズナ〟からも、絆が強いSnow Manはイメージキャラクターに相応しいと思います」(芸能誌記者)

テレビCMをご覧になった皆さんはおわかりだと思うが、美しく幻想的な作品には〝日本のテレビCM史上初〟の最新技術が採用されていたのだ。


『僕らもイメージコンテを見せて頂いていたので、撮影に入るのが本当に楽しみでした。おかげさまでこれまでに〝ジャニーズ史上初〟の同日デビューを経験させて頂いたり、僕らには〝初物〟が縁起良くついて回っている。

しかも今回は〝日本のテレビCM史上初〟ですからね。

ちなみに日本で最初のテレビCMは、
日本テレビの開局日1953年8月28日午後0時直前に放送された、精工舎（※現在のセイコー）の時報CM。

いつかクイズに出るかもしれないので、ちゃんと勉強済みです（笑）』

撮影前日の打ち合わせが終わった後、阿部と向井は2人で食事に行ったという。

（※CM収録は昨年、宮舘涼太が新型コロナに感染する数ヶ月前の話。もちろん事務所に了解を得た上で、感染対策も十二分に施している）

『2人だけで食事をするのは久々でしたけど、
コンテを見ながらいろいろと想像を膨らませてイメージトレーニングをしました。

女性にプレゼントするようなシーンはありませんが、

「気持ちは作らなきゃいけないんじゃない?」――とか。

ちなみに僕のほうがJr.の先輩かつ年上なので、ちゃんと奢ってあげましたよ(笑)』

〝雪の結晶〟をイメージしたステージが舞台のCMには、先進的な自由視点映像生成技術を用いた「ボリュメトリックビデオ スタジオ」を採用。

空間映像のエキスパートたちが151台の4K高画質カメラを用い、ほんの10年前までは考えられなかった映像を実現させた。


『スタジオに入ると、そこは一面〝グリーンバック(※合成画面を作り出す緑色の背景)〟の世界。

その緑の空間にカメラがニョキニョキ生えてる。

俺も康二も見たことがない不思議な撮影方法が「ボリュメトリック撮影」。

一体どんな映像になるのか予測もつかなくて、VTRチェックでぶっ飛びました』

クリスタルのCGの中にいる自分たちを見た時——

『今の世の中、何でも出来るんだな～』

——と驚きの声しか出なかったという阿部亮平。

『スタジオに入って監督と打ち合わせをして、SILVER SNOWの実物を手にした時は、2人ともキャッキャしてたんです。

その時まで実物を手にしていなかったから、

「今から俺たちがこの商品のイメージキャラクターになるんだ」——と思ったら感動して。

同時に康二と「絶対にいい作品にしような」って話しながらメイクをしてたんですけど、まだその時点ではどんな画になるか、正直に言って少し不安もあったんです』

しかも最初はボリュメトリック撮影ではなく、セリフのシーンから。

イメージが沸いていない中でのセリフは『ちょっと恥ずかしかった』と振り返る。

『アクションシーンの振付も当日で、撮影スタッフに心配されたけど、
それは俺たち、いつも1時間かからずに振りを入れる実践訓練を積んできたようなものだから、
あの日で唯一、リラックスして臨んだ撮影でしたね。
そこでスタッフさんたちから「すごい！」「さすが！」の声が上がった時は、
ちょっと天狗になりかけましたけど（笑）』

日本のテレビCM史上初の撮影方法ということは——

『俺と康二が日本初！』

——と胸を張る阿部亮平。

『イメージキャラクターに選んで頂いて、
日本初のCM撮影をやらせてもらえて。
収録は去年でしたけど、
2021年は新年早々──
「絶対に〝Snow Manの年〟にしてみせる!」
──と勝手に誓いました』

──と照れくさそうに語る。

阿部亮平の誓い通り、間違いなく今年は〝Snow Manの年〟になるに決まっている──。

阿部亮平フレーズ集

『未熟だからこそ、成功する可能性も広がるんじゃない？
だから俺は、未熟な自分を絶対に恥じない』

今やジャニーズインテリ軍団の頂点に立ち、後輩たちを率いる存在の阿部亮平。自然と後輩たちから相談を受ける立場になってきたが、中でも失敗で自己嫌悪する後輩に対しては、「未熟な自分自身を受け入れて前に進め！」――と勇気づけるという。

『言葉や文章に必要なのは〝美しさ〟ではなく、ちゃんと真意が相手に〝伝わる〟こと』

美しいフレーズは時に人の心を打つが、阿部亮平が大切にしているのは「どれだけ簡潔なフレーズで自分の真意を伝えられるか」だと語る。それは単純に「だってそれが言葉の役割だから」――だとか。

『1人の天才になるより、
9人の力を合わせてようやくトップに立てる凡人になりたいね、俺は』

グループ以外の仕事が増えると、多くの人間は「これならグループを辞めても仕事あるんじゃね?」と考えがちだ。しかし阿部亮平は「Snow Manの9人揃って成功しなきゃ意味がない」——と強い口調で、その考え方を否定する。

Snow Man 俺たちの絆

Snow Man

7th Chapter

目黒蓮

Ren Meguro

—俺たちの絆—

〝めめこじ〟ペアに緊急事態発生!?

2月1日に開設された『ヴィートメン』公式WEBサイトに、念願の単独でのブランドイメージキャラクターとして登場した目黒蓮。

『ヴィートメン』は男性向け除脱毛ブランドで、目黒のツルツルの美肌が担当者の目に留まったという。

初めてブランドの〝顔〟を務めることについて、目黒は——


『僕自身もブランドイメージキャラクターをやらせて頂くのは初めてですけど、ヴィートメンさんもイメージキャラクターを採用するのは初めてだそうで、それはめちゃめちゃ光栄なこと以外の何ものでもありません。

イメージキャラクターとしてヴィートメンさんの魅力を少しでもたくさんの方に知って頂けるように、実際にヴィートメンを使っている僕が自分の体験をお話し出来ればと思ってます。

見た目に自信を持てるようになると、それがきっと最高のパフォーマンスにも繋がりますからね』

ところで〝ツルツルの美肌〟〝爽快な清潔感〟〝除脱毛ブランドのイメージキャラクター〟と聞いて、黙っていられないメンバーが一人、Ｓｎｏｗ Ｍａｎにはいた。

言わずと知れた〝ジャニーズの美容番長〟こと渡辺翔太だ。

「目黒くんも渡辺くんのことをかなり気にしていて、ずっと『**しょっぴー君にいつ打ち明ければいいんだろう……**』と悩んでいましたね。何回も向井くんに『**どう思う!?**』——と聞いていましたから」

——と明かすのは、目黒蓮と向井康二の〝めめこじ〟ペアがレギュラー出演する、『アイ・アム・冒険少年』制作スタッフ氏だ。

「Ｓｎｏｗ Ｍａｎのメンバーにはマネージャーさんから送られてくる共通のスケジュール表があるのですが、それを読めば各メンバーが今何の仕事をしているのか、だいたいは想像がつくそうなんです。番組名やスポンサー名までは書いてなくとも、〝○○スタジオ〟と書いてあれば、それがバラエティ番組なのか雑誌のインタビューと写真撮影なのか、経験上すぐにわかる。ところが去年、目黒くんの名前と共に見慣れないスタジオの名前が書いてあって、向井くんが『**あれ、何の仕事？**』——と目黒くんに聞く場面にたまたま遭遇してしまったんです」（『アイ・アム・冒険少年』制作スタッフ氏）

向井に聞かれてすぐは——

『何だったっけな？　よく覚えてないわ』

——と、本人としては〝さりげなく〟ごまかしたつもりの目黒。
ところが向井は、その不自然さを一発で見破ってしまう。

『怪しい』
『ホンマは美味しい仕事やろ？』

——と向井にしつこく追及されると、観念した目黒は、

『ピンのイメージキャラクターの仕事が来た』

——ことを明かした。

「すると向井くんが『何やねん！　めっちゃめでたいやん!!』——と喜んでくれたにもかかわらず、目黒くんはあまり浮かない表情を見せていたんですよ」（同制作スタッフ氏）

単独でブランドのイメージキャラクターに抜擢され、涙が出るほど嬉しい目黒。

しかしそれは同時に——

『しょっぴー君、ムッとしないかな……。
Ｓｎｏｗ Ｍａｎで〝美容系〟といえば、まず第一にしょっぴー君じゃない？
それが俺が抜擢されちゃってさ』

——という心配を生んでしまったのだ。

「『しょっぴー君にいつ打ち明ければいいんだろう……』と悩む目黒くんに、向井くんもハッキリと〝気にするな〟とは言い難い表情でした。しばらくすると、向井くんが『逆に誰よりも早く伝えるべきちゃうか!?〝真っ先に伝えました感〟を出せば、絶対に〝良かったな〟って言ってくれるやろ。俺は聞いてないことにするから』——なんて言い出したんです」（同前）

善は急げとばかりに、渡辺翔太にＬＩＮＥを打とうとする目黒蓮。

2人は〝ああでもないこうでもない〟と揉めながら5分ぐらい文面を作り、ようやく送信。

するとほんの数秒で返信が返ってきて、驚きのあまり「うわっ！」とのけぞっていたという。


『僕なんかが「しょっぴー君、怒んないかな？」と思ったこと自体、めちゃめちゃ失礼なことだったんだな……って、顔から火が出るぐらい恥ずかしかった。

だってLINEには「おめでとう！ 頑張れ、俺も嬉しいよ」――って書いてあったんです。

何だろう、しょっぴー君の器の大きさを信じてなかった自分がダサい、ダサすぎる』

――反省しきりの目黒蓮。

もちろんすぐに『ありがとうございます』と送り返し、そして気づく。


『もしかして、煽りまくった康二のせいじゃね？』

――と（爆）。

目黒蓮が望む〝Snow Manの中での役割〟

「現在、Snow Manのメンバーで最もオファーが多いのは目黒蓮くんです。特に正月の『教場Ⅱ』の後、ドラマや映画のオファーが殺到しているとか。184㎝の高身長に甘いマスク、プロデューサー連中が使ってみたくなるのも当然ですね」（フジテレビ関係者）

今年の1月3日、4日の2夜連続で放送された『教場Ⅱ』（フジテレビ）。

木村拓哉が白髪、義眼の〝最恐教官〟風間公親を演じるこの作品には、昨年はなにわ男子の西畑大吾が出演し、なかなかの難役を好演した。

「目黒くんはエリート警察官一家に生まれた優秀な生徒でありながら、同じような環境に育った恋人の女生徒を妊娠させてしまい、彼女を取るか警察学校を取るかの2択に追い込まれるという悩み多き役柄。昨年の『教場』は〝風間教官vs生徒〟の色合いが濃かったのに対し、今年は教官と生徒が共に難題を乗り越えて〝絆〟を感じさせる内容で、目黒くんと岡崎（紗絵）さんのエピソードは、まるでサイドストーリーのようにしっかりと描かれました」（同フジテレビ関係者）

スペシャルとはいえ、目黒はゴールデンタイムのドラマに出演するのは初めてで、フジテレビ系ドラマへの出演も初めて。

この『教場Ⅱ』をきっかけに、一気に〝月9俳優〟に抜擢されそうな勢いだ。

目黒演じる冷静な観察眼を持つ杣利希斗、岡崎演じる優秀かつ快活な優等生・伊佐木陶子。

2人は共に警察官一家に生まれ、自らの意思に反して警察学校に入学。それでも優秀な成績を収めて風間教官からも見込まれていたものの、心の内側では常に〝学校を辞めたい〟気持ちが燻っていた。

そんなところに陶子が利希斗との子どもを妊娠していることが発覚。新たな命をもうけたことで、利希斗は家族のために警察官になることを決意する。

「クライマックスでは卒業生総代として卒業式を迎えた利希斗と陶子が流す美しい涙に、多くの視聴者がSNSに感動のメッセージを書き込んでくれました」（同前）

さて『教場Ⅱ』のエピソードはまた後ほどお話しするとして、昨年後半から今年にかけてテレビ界でブイブイいわせている（?）目黒蓮には独特の気分転換法があり、最近では――

『ラウールにも伝授しましたよ。

ああ見えて繊細なヤツで、意外に〝溜めこむ〟タイプでもあるので』

――と語るように、相変わらず〝めめラウ〟コンビは健在。


『今のSnow Man、仕事をすればするほど仲良くなってるし、お互いを深くわかり合えるようになっていると思います。

前は本当、年上のメンバーにラウールがどんな失礼なことを言うか、ずっとヒヤヒヤしてましたもん。

今はみんな、それがラウールの〝甘えん坊〟なところだとわかってくれてますからね。

全然、楽ですよ（笑）』

――そう言って安心したように笑う目黒だが、その裏には目黒の涙ぐましい努力があったとか、なかったとか。

『努力ってほどでもないけど、ラウールのことを誤解されたくなかったので、僕が他のメンバーと話してる時に「ラウールもこっち来いよ」って呼んで輪に入れたり。とにかくコミュニケーションをたくさん取らせました。だから最近、それなりに敬語も使えるようになってます』

目黒自身はといえば、ドラマやバラエティに引っ張りだこになればなるほど――

『嬉しい悲鳴なんですけど、〝ポジティブモード〟を維持することが難しい時もある』

――と、意外な弱音を溢している。

『変なことを言うようですけど、忙しくなればなるほど落ち込むことも増えたんです。そんな時は無理に元気を出そうとしないで、思いっきりオフを楽しむ。……といっても今はコロナ禍であちこち行くわけにもいかないし、ほんのちょっとしたことでも〝気分転換になる〟方法を見つけたんですよ』

それは何も特別なことではない。
休憩時間にほんの数分でも現場を離れ、いい意味での〝現実逃避〟を心掛けることだという。

『朝から晩まで収録スタジオに籠るような時は、
休憩時間は必ず一旦は外に出て、隠れて大きな深呼吸をするんです。
「んあ〜」とか声を出しながら』

——それが目黒の〝気分転換法〟。

『スタジオによって好きな場所があるんですけど、
某お台場にあるスタジオは屋上に出るとめちゃめちゃ景色もいい。
天気のいい日はスカイツリーも東京タワーも楽勝（に見える）だし、
僕が見える果てまで人がいて、生活があって、それぞれの物語があって……。
そうやって妄想すると、めっちゃ元気になれる。
「僕も頑張らなきゃ」——って』

ラウールに限らず、メンバーの変調に『すぐに気がつく』という目黒蓮。
そこには、自分でよければ『はけ口になりたいんです』の気持ちが。

『僕らの場合、落ち込む原因の99％は仕事のことじゃないですか。
僕のキャリアじゃ的確なアドバイスは出来ないかもしれないけど、
僕をはけ口にして悩み事や苦しい話を打ち明けてくれれば、
少なくとも最後まで全部聞いてあげることが出来る。
昔、僕が将来について悩んでいた時、解決する方法よりも、
ただ単に〝話を聞いてくれる人〟が欲しくてたまらなかったんです。
その時の自分を思い出して、「そういう役割が出来たらいいな」――って』

パフォーマンスやルックスだけじゃなく、性格まで魅力的な目黒蓮。
これからも〝めめラウ〟コンビはもちろん、Ｓｎｏｗ Ｍａｎメンバーの〝はけ口〟となって、
グループの絆と結束を、より強く築き上げる役割を果たしてくれることだろう――。

木村拓哉から目黒蓮へ——期待を込めたメッセージ

ファンの皆さんが知る目黒蓮の最も有名なエピソードの一つ、それは——

「ジャニーズJr.時代、SMAPの楽曲に励まされた」

——ことだろう。

その憧れの存在、木村拓哉との『教場Ⅱ』共演を機に、実はしっかりと距離を縮めていたようだ。

「というか、むしろ木村くんのほうが目黒くんを気に入ったようです。Snow Manのリリースのタイミングでもないのに、自分のラジオ番組に呼んでいるんですから」

話してくれたのは、ラジオ界でも活躍する音楽ライター氏。

振り返ってみると、Snow Manの3rdシングル『Grandeur』の発売日は1月20日。

目黒が木村のレギュラー番組『木村拓哉FLOW supported by GYAO!』(FM TOKYO)に出演したのは2月に入ってからで、それも録音番組とはいえ発売から1ヶ月近く経った回に出演していたのだ。

「あの番組の〝ブッキング権〟は木村くんが持っていて、呼びたいゲストをディレクターに告げ、そこから所属プロダクションに打診しているのです。もちろんすべてではありませんが、彼が望んだゲストは全員が出演している。木村くんがゲストに興味を持っていれば話が盛り上がりますし、それで番組が成立するわけですから」(音楽ライター氏)

しかも目黒蓮の場合、木村が先にジャニーズ事務所に話を通していたそうだ。

「ただし番組スタッフによると、当初は木村くんが『**蓮だけでいいんじゃね?**』――とSnow Manの担当マネージャーに告げたところ、事務所サイドから〝もしもハマらなかったら困るので向井も一緒に〟と言って、向井康二くんをつけてきたようです」(同音楽ライター氏)

確かに向井がいれば、〝尺(時間)〟は埋まる。

ただし番組をチェックされた方はおわかりだろうが、さすがの向井も〝ザ・木村拓哉〟を前にしては、いつもの調子が出ていたとは言い難かった。

「そりゃあ今のジャニーズの先輩たちの中でも、木村くんが一番緊張する相手でしょうからね。Jr.時代の絡みはないし、向井くんは2018年までは関西ジャニーズJr.にいたわけで……。それよりも番組のほうは、最後は目黒くんの〝SMAP愛〟のおかげでいい感じにまとまっていました。彼の**『これが僕の人生を変えてくれた曲』『もうヤバい、泣ける! マジで』『お～っ、フル(コーラス)だ。すげえな』**——などと、明らかに単なる一人のSMAPファン(※目黒)が心から発した言葉は、聞いているリスナーの心にも刺さりました」(同前)

『木村拓哉 FLOW supported by GYAO!』では、トークゲストに選んでもらう〝人生の1曲〟を流すことがお決まり。

そして目黒がここで選ぶべき、いや選ぶに決まっていた〝人生の1曲〟は——

『これが僕の人生を変えてくれた』

——〝あの曲〟に他ならない。

『今から12年ちょっと前にリリースされた『この瞬間、きっと夢じゃない』です。
本当に凄いというか、奇跡の時間でした。
もうJr.を辞めようとした僕を、寸前で踏みとどまらせてくれた曲。
12年半ぐらい前の、あの時の自分に――
「将来、木村拓哉さんのラジオで、この曲を〝人生の1曲〟で流すことになるよ」
――って教えてあげられても、絶対に信じられない。
今の自分があるのは、すべてこの曲のおかげですから』

――曲への想いを語った目黒蓮。

SMAP43枚目のシングル『この瞬間《とき》、きっと夢じゃない』は、2008年8月13日に発売された楽曲。

中居正広がメインキャスターを務めたTBS系『北京オリンピック』中継のテーマソングだった。

SMAPがオリンピック中継のテーマソングを担当するのは、前回（2004年）の夏季オリンピックアテネ大会以来2回目のことで、2008年8月25日付オリコン週間シングルチャートで初登場1位を獲得。デビュー曲からの初登場TOP10入り記録を43作連続に更新した。

『実は木村さんご本人にも『教場Ⅱ』で共演させて頂いた時に、勇気を出して打ち明けたんですよ。
「Jr.をずっとやっていてもほとんど出番がないから〝辞めよう〟と考えていた時、
『この瞬間、きっと夢じゃない』を聞いて、
なぜか〝もうちょっと頑張ろう〟という気持ちになったんです」――って。
「Ｓｎｏｗ Ｍａｎでデビューしてからも、〝ちょっと無理かも？ ダメかも？〟と思った時、
この曲を聞くと前に進めるんです。本当にありがとうございます」――って』

後輩のアツい想いを受け止めた木村拓哉は――

『Ｓｎｏｗ Ｍａｎ以外の目黒蓮、撮影の合間にすげえ素で声を張り上げて笑っている目黒蓮も、
本番が始まった途端に見せる真剣な表情も、どれもこれも相当〝いい〟。
これからはいろんな人と出会って、吸収して、時には打ちのめされることもあるだろうけど、
とにかくたくさんの作品に出演して、たくさんの経験をして欲しい』

――と、後輩に期待を込めたメッセージを贈ったという。

『とにかく「嬉しい」のひと言です。
そしてあの時の僕に、
『この瞬間、きっと夢じゃない』に出会わせてくれた幸運の神様にも、
心の中でお礼を言いたいですね』

木村拓哉の言葉を受け、さらなる飛躍を誓う目黒蓮。

……しかし、何か忘れてはいないだろうか?

『俺や、俺!
めめ(目黒蓮)の単なるオマケやんけ!!』

どこからか聞こえてきた向井康二のそんな声。
大丈夫。そんなことはなかったぞ。たぶん……(爆)。

目黒蓮フレーズ集

『仕事が好調な時ほど慎重に。
一つ一つの準備をしっかりとやる』

向井康二と並び、個人での仕事量が一気に増えた目黒蓮。こんなに嬉しく、ありがたいことはないが、しかし次に繋がらなければあまり意味がない。そのためには「一つ一つの仕事を丁寧に」――と心に誓う。

『自分が一流だと口にするヤツは、二流の結果しか出せない、三流の人物』

少し過激な物言いに聞こえるかもしれないが、これは目黒蓮が自分自身に言い聞かせているセリフ。調子に乗らず、常に謙虚に。努力を惜しまず、結果に結びつける。その積み重ねこそが、自分を一流に導いてくれるのだ。

『Snow Manのメンバーになったあの日から、
俺はメンバーを信頼するより、信頼されることを選んできた』

ジャニーズJr.時代、自分が背中を見続けてきた先輩たちと同じグループに。先輩たちについていけば間違いはないだろうが、それだけでは追いつけても追い越すことは出来ない。「先輩たちに認めてもらい、脅威だと感じさせてみたい」――と願う目黒蓮。そのための第一歩を踏み出した時の〝決意のセリフ〟。

Snow Man 俺たちの絆

8th Chapter

宮舘涼太

Ryota Miyadate

—俺たちの絆—

Snow Manメンバーが改めて認識した〝自分たちのあるべき姿〟

『弊社所属タレント宮舘涼太（Snow Man）につきまして、新型コロナウイルス感染症より回復しましたので、活動を再開いたしますことをご報告申し上げます。

12月21日にPCR検査の結果、新型コロナウイルスに感染していることを確認しましたため、保健所よりご指導いただき、療養生活を続けてまいりました。一定の経過観察期間を経て、体調も回復し、PCR検査におきましても陰性であることが確認できましたので、明日1月9日より活動を再開いたします。

改めまして、この度は皆様にご心配とご迷惑をおかけいたしましたこと、心よりお詫び申し上げます。

弊社といたしましても、引き続き感染予防対策を行い、安全の確保に努めてまいります。』

2021年1月8日
株式会社ジャニーズ事務所

「ジャニーズ事務所はタレントが新型コロナに感染した時の対応が、どこの事務所よりも早いんです。Smile Up! Projectで医療従事者を支援、どこよりも早く舞台やコンサートの中止を発表してきたジャニーズ事務所だけに、まさに言行一致の姿勢といってもいいでしょう」（スポーツ紙記者）

これまでに関ジャニ∞の横山裕、NEWSの小山慶一郎と加藤シゲアキ、Kis-My-Ft2の千賀健永、そして風間俊介らが感染した新型コロナウイルス。

そしてもう一人、冒頭の公式コメントでもおわかりの通り、宮舘涼太だ。

「宮舘くんが新型コロナに感染したことで、Snow Manは昨年末の第71回NHK紅白歌合戦の初出場を辞退しました。選択肢としては8名で出場することもありましたが、陽性が確認されたのが12月21日で、メンバーとスタッフの全員が陰性だとしても、潜伏期間を考えればリハーサルから大晦日の本番までの間に陽性者が現れないとも限らない。他の出場者に対する〝見えない影響〟を考えると、正解は辞退することだったのです」（同スポーツ紙記者）

深澤辰哉はテレビの前で『紅白』を見ながら――

『SixTONESが――

「Snow Manの分まで頑張ります」

――と言ってくれたことが本当に嬉しかった』

――と感激し、そしてもちろん、誰一人として宮舘涼太を責めなかった。

『本音を言うと、責められたほうが楽でした。

僕以外は誰もかかってないんだから、結局は僕一人の責任。

でもみんな――

「コロナが悪いだけで、ダテ様は悪くない」

「もしかしたらダテ様じゃなく、俺がかかっていたかもしれないから」

「逆に来年(※2021年)選ばれたほうが、MCで今年の辞退にも触れるからオイシくね?」

――なんて、笑わせてもくれたほどです』

それは普段からの、仕事に取り組む宮舘の姿勢がメンバーに評価されていたからだ。

『闘志を燃やすタイプでとにかく努力家。
そんなダテちゃんを誰が責められる？』〈岩本照〉

『アイドル業に万能だから誤解されやすいけど、実はめちゃめちゃ努力家。
努力に裏打ちされた気品、説得力がある』〈深澤辰哉〉

『ダテ様の中には〝アイドルはこうあるべき〟っていうルールが細かく決まっていて、
それをちゃんと実行する人』〈渡辺翔太〉

『仕事だけじゃなくプライベートも真面目。
道標として、ずっと見習っていきたい』〈ラウール〉

メンバーにそう言われるほど信用されているので――

『（そんな宮舘が）不用意に〝密〟の場所に行ったり、絶対にしない人だから』〈佐久間大介〉

――との想いをメンバー全員が共有。

新型コロナ感染について裏で文句を言うどころか、復帰した際には――

『コロナ禍が収まったら、僕が幹事で快気祝いをします』〈向井康二〉

――と喜んでくれたほどだった。

『やっぱりウチのメンバーはみんなパワフル。

一緒にいるだけでエナジーチャージが出来るし、理屈や理由を抜きに元気をもらえます。

僕たちアイドルは、ファンのみんなに幸せを与える側の人間。

みんなのような根っからのパワーを持ってないと、ファンを幸せになんて出来ない。

僕は最初の頃はエナジー不足で、「そうありたい」と意識しながら頑張ってきた部分もあったけど、
今ではみんなのおかげで、当たり前のようにファンのみんなを幸せにする力がついてきたと思う。

新型コロナを経験し、病気で苦しんでいる方にも心で寄り添える自分になれつつあるかも』

——そう語った宮舘。


苦しいことはすべてバネに変え、そのバネでファンの皆さんを幸せにするために飛び回る。

宮舘涼太の経験は本人のみならず、Ｓｎｏｗ Ｍａｎのメンバーにも〝自分たちのあるべき姿〟を再認識する時間を与えてくれたのではないだろうか——。

宮舘涼太が〝頑張れる〟原動力の源

『今年はSnow Manがデビューして1周年を迎えて、
もう〝新人〟とは呼ばれない2年目がスタートしたじゃないですか。
僕自身、新型コロナに感染して自宅療養していた間、
「2021年をどんな年にするか」――ずっと自分と向き合っていたんです』

昨年末に新型コロナウイルスに感染、NHK紅白歌合戦の辞退などメンバーに迷惑をかけてしまった宮舘涼太だからこそ――

『今年は僕がみんなを引っ張る年にしたい』

――と、新年から固く心に誓ったと明かす。

『去年は康二とめめがバラエティに斬り込んでくれて、ラウールも単独初主演の映画を撮影した。めめといえば僕も家で見た『教場Ⅱ』もあったし、3人共、期待以上に頑張ってくれたと思う。でもだからこそ、「僕ら6人は何してんだ? もっともっとやれただろ!」——って、悔しい気持ちで一杯だったんですよね』

いや、相変わらず阿部亮平は〝ジャニーズインテリ軍団〟で存在感を示していたし、佐久間大介も非公式ながら〝ヲタクジャニーズトリオ(塚田僚一、宮田俊哉)〟の一員として、いよいよ本格的な声優デビューまで漕ぎつけたではないか。

『もちろん2人のことはめちゃめちゃ認めているけど、インテリキャラやアニメヲタクキャラは、何もデビューしてから作ったわけじゃなく、Jr.時代からファンのみんなにも有名だったキャラ。阿部ちゃんはステージの上から天気予報していたし』

——それは確かに宮舘の言う通りだが。

『僕は今年、自分の振り幅、力量をもっともっと究めていきたいし、
そこに、より多くの引き出しを備えつけたいんです。
〝Snow Manの宮舘涼太〟を、いろんな方に知ってもらいたくて。
エンターテインメントすべて、ライブやダンス、舞台――
幅広く活躍していくことが2021年の目標なんです。
その先にきっと、僕が求めている答えが見つかる気がするから』

具体的な目標はあえて定めないが――

『〝幅広く活躍する〟というのは、何でもそつなくこなすのではなく、
〝自分にしか出来ないこと〟をこの手に掴んで、それをアピールしていくのが理想です』

――と、宮舘は語る。
そのためにはジャニーズ事務所で培ってきた15年半の経験に、新たな個性を掛け合わせたいとも。

『阿部ちゃんのように試験やクイズに出る本物の知識は無理だけど、
たとえばダンディーな大人になるために身につける〝実践的な知識〟とか、
そういう知識や教養にもっともっと興味を持って、リアルな「ダテ様」になりたい。
その〝ダテ〟は宮舘のダテではなく、伊達男のダテで（笑）』

他のメンバーのエピソードでも触れているが、9人のメンバーそれぞれが同じ方角に向かうのは、グループとして活動する時だけで構わない。

9人が個々の仕事に臨む時は、それこそ自分以外の8人は〝最も身近なライバル〟ではないだろうか。

Ｓｎｏｗ Ｍａｎはメンバー同士の仲が良く、強く固い絆で結ばれているからこそ、〝最高のライバル〟にもなり得るのだ。

『それはそうなるかも。

……いや、ならなきゃいけないんじゃないかな。

僕はこれまで自分がしてきた努力を認められたいとか、
周囲にわかって欲しいとか思ったことはないけど、
努力目標みたいなものは大切にしてきたんです。

それはJr.時代――

「もっと目立つポジションに上がるためには?」

「電源の入った歌マイクを持たせてもらうためには?」

――って、そういう目標があるからこそ頑張れる自分がいた。

メンバーを〝ライバル〟として見られるのは、

〝何があっても関係性が悪くなることはない〟――そのぐらいの絆と信頼関係にはあるからです。

僕がいきなり阿部ちゃんに向かって「インテリ? ふざけんな、クイズ王は俺だ!」って宣言しても、
阿部ちゃんは「かかって来い! 返り討ちにしてやる」――と本気で相手をしてくれる』

クイズ番組はあくまでも一例だが、〝何があっても逃げない〟だけの心づもりは出来ているという。

『今年はどんな壁にぶち当たっても、ぶち壊して進むしかないと思ってます。
目の前の壁は、次のステージへ進むために必要な栄養。
結果的に自分がレベルアップするので、試練ではなく栄養分でしょ（笑）。
逃げずに正面から立ち向かい、ビビらずに挑戦すること。
これを乗り越えればネクストステージへ進めることを信じて、努力すればいい。
チャレンジ精神は、何年経とうがいくつになろうが、ずっと持ち続けていたいし、
その姿勢を貫き通したい。
ちょっとだけ不安だったり揺れたりする気持ちもなくはないけど、
僕には8人の仲間がいるから。
アイツらには不様な姿は見せられないもん』

そうか、そこにあったんだ。
宮舘涼太が〝頑張れる〟原動力の源は――。

宮舘涼太とラウールの〝お互いをリスペクトし合う〟関係

先ほどのエピソードにもあったが、宮舘涼太に対して「仕事だけじゃなくプライベートも真面目。道標として、ずっと見習っていきたい」と、尊敬の念を込めて語ったラウール。

向井康二に言わせると――

『きっとラウールが一番言うことを聞くのはダテ様。完璧に手懐けてるから』

――らしいのだが。

『康二は本当にその場しのぎで適当に話すから、全然聞かなくていいですよ（苦笑）。そもそもラウールに限らず、僕の中には誰かを手懐けるみたいな感覚はないから。……あっ、亀梨軍団の一員として、団長には手懐けられてます』

——そう言って笑う宮舘。

向井の証言はともかく、目黒蓮が——

『確かにラウールはダテ様の言うことはちゃんと聞きますね。別に他の先輩たちの言うことを聞かないわけじゃないけど、ふと気がつくとダテ様の隣に座ってニコニコしてる時が多いかも』

——と言うぐらいだから、あながち向井の見方も間違ってはいないようだ。

『僕とラウールは年令も入所歴もほぼ10年の差があって、それは他のメンバーも似たり寄ったりだけど、
最初から〝近所に住む10才年下の幼馴染の男の子〟的な感覚があって、
照やふっかとは接し方が違ったんだと思う。
アイツらは〝年が若くても同じグループに入ったらバシバシ鍛える〟みたいな体育会系だから。
変な意味じゃなく、僕は同じグループに入ったからこそ〝干渉せずに成長を見守る〟タイプかな。
……というか成長も何も、ラウールは入ってくる前から、
「(ダンスの)世界大会の準優勝チームのメンバーがJr.に入る」――って、
結構な話題になっていたから。
確かにどれほどダンスをやってきた人間でも、
「歌謡曲のアイドル系ダンスがこんなに難しいとは思わなかった」……って、
必ずといっていいほど愚痴を溢すから(笑)』

ラウールは入所直後、2015年12月から翌年1月までの帝国劇場12月・1月公演『JOHNNYS' World』に抜擢される。

『そこ（JOHNNYS' World）で初めてラウールを見て、
「すごく不思議な動きをする子だな」って目に留まりました。
一概に上手い下手じゃなく、
「あの動きはほとんどのお客さんの目に留まる」――と確信したんです。
たぶん、誰か他の先輩に「悪目立ちすんな」って言われたのか、
次の日からやたらと動きが鈍くなって。
そんなのはナンセンスで許せないから、ラウールに理由を聞いてみたんですよ』

――すると案の定、思った通りだった。

『それ（先輩）が誰とは言えないけど、
でも帰り道、まだ小学生だったラウールと駅まで一緒に行って、
「気にすんな。俺はお前のダンス、好きだぜ」――と声をかけたんです。
そうしたら満面の笑みで、ちょっと泣いていたのか瞳の端がキラキラと光っていた。
あれは涙だったのか汗だったのか……その答えはまだ聞いていませんけどね』

おそらく、冒頭の「仕事だけじゃなくプライベートも真面目。道標として、ずっと見習っていきたい」の言葉には、一連の宮舘の行動に救われたラウールの、その感謝と尊敬の意が込められているに違いない。

『ラウールは明るくて楽しいヤツだけど、僕には決して軽口を叩いたりしてきませんね。もしそれは僕に対するリスペクトが込められているなら、僕もラウールに言ってやりたい。「ウチのセンターはお前しかいないし、10才年下でも俺もリスペクトしてる」――って。前提として僕をリスペクトしているかどうかが、この話のキモになるんだけど(笑)』

グループのセンターに立つラウールを、レベルの高いダンススキルとアクロバットで支えている宮舘涼太。

一軒の家に例えると、まさに〝縁の下の力持ち〟的な存在だ。

センターのラウールに気持ち良くパフォーマンスさせるため、宮舘は縁の下からしっかりと支える。

宮舘涼太とラウールの〝お互いをリスペクトし支え合う〟この関係が、これからのSnow Manをさらに高みへと導いていってくれるに違いない――。

宮舘涼太フレーズ集

『どんなに注意しても、しすぎるってことはないんだよ。
むしろ「しすぎるに越したことはない」――って思ってる』

昨年末、自身の新型コロナウイルス感染が原因でＮＨＫ紅白歌合戦初出場がフイになり、「（メンバーには）どれほど謝ってもまったく足りない」と落ち込み続けた宮舘涼太。もちろんメンバーは彼を責めたりはしないが、むしろ「責められたほうが良かった」と振り返る。「注意しすぎるに越したことはない」――は、そんな彼の自戒を込めたセリフ。

『きっと性格のせいだと思うんだけど、上手い話やオイシい話ほど疑ってかかっちゃうんだよな〜（苦笑）』

デビューしてから「いろいろな人が声をかけてくる」と苦笑いの宮舘涼太。純粋に応援してくださる方はありがたいが、中には宮舘を利用しようとする者も……？「思い過ごしならいいんだけど、嫌な気持ちになりたくないから心を閉ざしちゃうんだよね」と話す宮舘は、「それは友人や知り合いを〝嫌いになりたくない〟から」――と本心を語る。

『自分の中に明確な目標や目的があるかないかで、
辛いレッスンを楽しく感じることが出来る。
デビューしてから発見した〝新しい自分〟だと感じてる』

同じレッスンでもジャニーズJr.時代のように「いつかデビュー出来るように頑張る」レッスンと、今のように「Snow Manの新曲のために難しいパフォーマンスを身につける」レッスンとで、これほど自分の気持ちに変化が生まれるとは思っていなかったという宮舘涼太。

それは〝目標や目的をクリアする楽しさ〟に出会えたからだろう。

Snow Man
俺たちの絆

Snow Man

9th Chapter

佐久間大介

Daisuke Sakuma

—俺たちの絆—

〝声優・佐久間大介〟のチャレンジ

『まさか自分が主演に携わらせていただける日が、こんなに早く来るなんて。まったく思ってもみなかったので、声を出して驚きました。しかもW主演のお相手が〝みもりん〟ですからね！』

Ｓｎｏｗ Ｍａｎのメンバーになって以来、いやこれまでの人生の中でも――

『間違いなくCDデビューと並ぶ〝マイ・トップ・オブ・サプライズ〟！』

――と感激の声を上げる、佐久間大介。

今年の夏に公開される中米共同制作のフル3DCGアニメ映画『白蛇：縁起』日本語吹替版で、声優・三森すずことW主演を務めることになったのだ。

三森すずこといえば、最近ではつい先ごろ最終回を迎えたテレビアニメ『ヒーリングっど♥プリキュア』(テレビ朝日)では〝キュアアース〟こと風鈴アスミ役を演じていたが、声優でもありミュージカル女優でもあり歌手でもあり、幅広く活躍している人気声優。

佐久間にとっては今も〝雲の上の存在〟だろう。

それは冒頭にあるように、いきなり「みもりん」のニックネームで呼ぶほど舞い上がっているところからもわかるではないか。

その他にも杉田智和(『ジョジョの奇妙な冒険』『涼宮ハルヒの憂鬱』など)、悠木碧(『魔法少女まどか☆マギカ』『妖怪ウォッチ』など)、佐倉綾音(『ラブライブ!』『艦隊これくしょん - 艦これ - 』など)といった人気声優が揃っている。

佐久間は——

『ヲタクとしては夢の時間だったけど、仕事としてはとにかく〝無我夢中〟というしか……』

——と、複雑な心境だったようだ。

この『白蛇：縁起』は中国のアニメ制作会社・追光動画とアメリカの〝ビッグ・シックス〟と呼ばれるメジャー映画配給会社のWarner Brothersがタッグを組み、中国ではすでに2年前の2019年1月に公開された作品だ。その美しいハイクオリティ・グラフィックと感動的なストーリー性が話題を呼び、中国国内で70億円以上の興行収入を挙げたという。

「世界公開された映画の日本語吹替版の主役に抜擢されたことは、今後の佐久間くんのキャリアに大きく関わってくる。注目される作品で結果を残せば、自ずと日本のアニメクリエイターの目に留まりますからね」（アニメ関係者）

『白蛇：縁起』は、中国の四大民間説話の一つ『白蛇伝』の前世の物語だ。

晩唐の時代、民間人に蛇を大量に捕獲させていた国師（※高僧の称号の一つ）を、白蛇の妖怪「白（見た目は人間の美少女）」が刺殺しようとして失敗。白は逃亡の末、記憶をなくしてしまったところを捕蛇村の少年「宣」に救われる。

白の記憶を取り戻すため、冒険の旅に出る2人。旅の途中で2人は恋に落ちるが、同時に白が白蛇の妖怪ということも明らかになってしまう。さらに国師と蛇族との間にも激しい戦いが始まろうとしており、2人の恋には大きな試練が待ち受けていた——。

というストーリーで、白の吹き替えを三森すずこが、宣の吹き替えを佐久間が担当する。

『ザックリ言うと――

「人間と妖怪がお互いの境遇を乗り越えてたどり着く真実の愛と、時空や前世を超えても途切れることのない壮大なラブストーリー」……らしい(笑)。

みもりんと恋に落ちるなんて聞いただけで緊張するし、
一応、去年『ブラッククローバー』でオリジナルキャラを1話だけやらせてもらったけど、その経験はほとんど活きてなかったね。

でも最先端の3DCGアニメーションが描き出す壮大な自然や風景、様々なアクションシーンやキャラクターの心情を映し出す表情とか、これはマジに見なきゃ損すると思う。

俺以外は皆さん、超一流の声優陣だし』

――素直に心境を明かす佐久間。

「宣」の相棒で人間語が話せるようになった犬「はらまき」を杉田智和、妖艶な狐の妖怪「宝青坊の主」を悠木碧、白を姉のように慕う蛇の妖怪で蛇一族の猛将「青」を佐倉綾音がそれぞれ担当。

しかし声優界のビッグネームを前に緊張する佐久間に対し、逆に三森のほうも――

『ご活躍されている姿をテレビで拝見していたので、

「（相手役が）私でいいのかな」……という緊張感もありました。

一緒にお芝居するシーンが多いので、

「どんな宣を演じられるのだろう？」と、

ずっとワクワクさせられていました し。

ストーリーやアニメーション、声優陣の個性豊かな演技など、

様々な側面から楽しめる映画だと思います』

――と、〝声優・佐久間大介〟に及第点を与えてくれたのだ。

『人伝に聞いた時はすげえ嬉しかった。
まさかみもりんが俺のこと、〝声優陣〟の一員として認めてくれるなんて。
アニメヲタクの究極の夢は、自分も声優になって超人気声優さんたちと共演すること。
それを叶えられて最初は天にも昇る気持ち。
でもすぐ冷静になって、「自分が皆さんの足を引っ張ったらどうしよう」……と、
クランクイン直前は何も喉を通らなかったぐらい。
そんな時、阿部ちゃんが——
「らしくない。
いつもの能天気以上に明るいさっくんでいかないと。
相手が超一流なのは最初からわかっていたんだし、
そもそも並ばないよ、さっくんと皆さんの肩は」
——って、ビシッと言ってくれたんです。
そうなんだよな、レベルがタワーマンションの1階と50階ぐらい違うのに、
「足を引っ張るも何もねえだろ!」——って目が覚めました』

今回の超人気声優たちの中では最年長（40才）の杉田智和は――

『宣を演じる佐久間さんの誠実さが、作品の彩りをとても華やかにしてくれています』

――と、そのセンスを評価。

これから経験を重ねていけば、杉田の年令の頃には佐久間大介も〝超人気声優〟と呼ばれているかもしれない。

佐久間大介が信じる〝本気の笑顔〟の魅力

メンバーが9人いれば、その性格も9人9様。

中でも一般的にテレビ界で〝わかりやすい〟とされているのは、佐久間大介だという。

「まあ、あのまんまですからね。ヲタクはとにかくその時の気分が態度に出るので。興味がある話ではハイテンションで明るいし、興味がない話は心がどこかに飛んでいっている（苦笑）。しかしそれは決して悪い話ではなく、佐久間くんを乗らせたかったら興味があるネタをバンバン出せばいいってことですから」

こう言って佐久間に理解を示すのは、人気番組を多数抱える放送作家氏。

彼は佐久間やKis-My-Ft2の宮田俊哉など、「微妙にはみ出してるジャニーズにスポットを当てたい」と言ってくれる、貴重な存在なのだ。

「実は宮田くんとは以前からちょくちょく食事をしていて、今はコロナ禍でなかなか会えませんけど、リモートでは定期的に宅飲みを続けているんです。それで今年に入ってから、佐久間くんを誘ってくれたんですよ」(放送作家氏)

Ｓｎｏｗ Ｍａｎはデビュー時、一部マスコミには〝苦節〇年〟的な扱われ方をしていたが、放送作家氏に言わせると、デビューまでに時間がかかったアイドルグループには〝独特の目詰まり感〟が漂っていて、いわゆるフレッシュさや華やかさに欠ける。

それは音楽番組に出演した時、メンバーの受け答えにも反映するものらしい。

「ところがＳｎｏｗ Ｍａｎは、みんなめちゃめちゃ笑顔で楽しそうなんですよ。上手い例えにはなりませんが、〝さっき新幹線で初めて東京に来ました！〟的な初々しさもある。それは本来、〝苦節〇年〟のグループには漂わない空気感なんです」(同放送作家氏)

少々不思議に思った彼は、旧知の宮田を食事に誘って尋ねてみたという。

すると宮田は──

『アイツらはどのグループよりも息が合うアクロバットが売りで、
それはお互いの性格や行動を熟知していないと出せない。
だからいつも、どのグループよりも話し合っている』

――と答えたが、残念ながら放送作家氏の望む答えではなかった。
そこで、よりSnow Manを観察すると、

「佐久間くんが笑うと、みんなも楽しそうに笑うことに気づいたんです。彼がムードメーカーだった」

――の関係性が見えたのだ。
だからこそ早く、「直接話してみたかった」のだろう。

『デビューする前から、メンバーといるといつも楽しいことばかりですからね。
仕事をしてても、無駄話をしていても、踊っていても。
ひたすら楽しいから、ずっと笑ってるんです。
だから〝ムードメーカー〟と言われるのはおこがましくて、
ただ単に僕は人生が楽しいだけなんです』

なかなか佐久間のように、ここまで言い切れる人はいないだろう。

「リモート飲みでもずっと笑っていて、佐久間くんは『自分たちは人前で無理して仲良くしているわけじゃなく、それが普通、当たり前の日常なんです。表面上だけ取り繕うとか、逆に僕らにはハードルが高い』――と、そこだけは笑わずに話してくれました。『本当は不器用な人間の集まりで、不器用だから無理することも出来ない』――と言われた時は、Snow Manのメンバー同士の関係がようやく見えてきた気がしました。彼らはいつも素のままだから、自然と人を惹きつける。彼らの良さを分析したり、あれこれ理由を探して理解しようとするんじゃなく、ただ〝感じればいい〟んですよ」（同前）

そんな佐久間大介は〝いつも素〟ゆえに、落ち込む時もしっかりと落ち込むようだ。

「宮田くんによると『落ち込む姿が一番わかりやすい。誰が見ても落ちてることがわかる』――とのことです。そして『自分か薮くんに電話がかかってくる。それこそ朝までずっと悩み相談に乗ってます』――と話していました」（同前）

佐久間自身も『宮田くんと数くんがオアシス』だそうで——

『2人に電話して、話を聞いてもらうことでガス抜きになる』

——のだと話す。

『嫌なことがあって腹が立ってる時も、2人やメンバーに話したら、
いつの間にか〝しょうがないか〟と思えるんです。
一人で抱え込みすぎるのはキツいし、
溜まる前に吐き出して切り替えることを教えてもらいました』

——とも。

なるほど。そこはいつもの明るい佐久間からは想像しにくい一面だ。

『今はとにかく1日も早く、ファンのみんなの前でライブが出来るように願ってます。

「一度でもステージに立って歓声を浴びると、この世界から抜け出せない」

――って、よく言うじゃないですか?

まさに僕やSnow Manはもう絶対に抜け出せないし、
そこで最高のパフォーマンスを見せることだけが、歓声に対するお礼だと思ってるんで。

「それまでは毎日、僕らの笑顔を届けることも大事なんじゃないかな」――って。

みんなはきっと、僕らのわちゃわちゃ感や、
本気の笑顔と笑い声が大好きだと信じてるので』

いつも通りの笑顔でそう話す佐久間。

その通り。

ファンの皆さんはSnow Man、そして佐久間大介の〝本気の笑顔〟と〝笑い声〟が大好きなのだ――。

Snow Manの〝斬り込み隊長〟

〝超絶アニメヲタク〟〝天性のムードメーカー〟の他に佐久間大介の特徴を示すのは、〝アラサーでも斬り込み隊長！〟ではないだろうか。

「佐久間くんに深澤辰哉くん、渡辺翔太くん、宮舘涼太くんの4人は、92年組の同学年。宮舘くんだけは早生まれですが、みんな『**ヤベーよ、デビュー2年目でもうアラサーだよ**』と年令をネタにしてます。特に男性の場合、一般社会では20代と30代で周囲の見方も変わるので、佐久間くんなどは『**甘えられる20代のうちに、もう一つ二つ、ワガママ言って美味しい仕事をもらいたい**』——なんて笑ってましたね。20代が甘えられるかどうか、わかりませんけど（笑）」

Snow Manをジャニーズ Jr.時代から見守ってきたNHK BSP『ザ少年倶楽部』制作スタッフ氏は、

「知らない人が見るとお調子者に見える佐久間くんですが、ライブを引っ張り、作り上げることに対してはいつも真剣。彼は『**自分が捨て石になっても構わないから、最初にブッ込んでメンバーを楽にしたい**』——と、自己犠牲の精神を持つ〝斬り込み隊長〟です」

長年見てきた佐久間の素顔について話してくれた制作スタッフ氏は、さらに続けて言う。

「本来、グループの斬り込み隊長は〝センター〟のメンバーが兼ねることが多いんです。センターは音楽番組でもMCの受け答えが多く、グループの〝顔〟を務めます。視聴者の覚えもめでたいので知名度も高い。そんなメンバーがライブで率先して前に出てくれれば、インパクトも強いですからね」

Ｓｎｏｗ Ｍａｎのセンターはラウールではあるが、パフォーマンスにおいては目まぐるしくポジションを変え、女性アイドルにありがちな〝センター固定ポジション〟ではない。

そこにも佐久間が〝斬り込みやすい〟理由があるのではないだろうか。

『ウチのMCのパターンとして、まず僕が〝斬り込み隊長〟として思ったことを言い、みんなが僕にツッコむことで空気を作るんですよ。

その最初の反応で「今日のお客さんはここまでブッ込めるな」——っていう、ギリギリのラインを掴む。

MCでもパフォーマンス中のようなアイコンタクトを取って、次に進むタイミングを計ってます。

それを崩して、みんなでコケるみたいな……

いろいろなパターンを使えるグループだと思ってますね』

自ら〝手の内〟を明かした佐久間だが、アニメヲタクに代表される〝自由奔放キャラ〟の根本にあるのは、「『Snow Man』がどう見られているのか? どう映っているのか?」を、冷静に探りながらMCやライブパフォーマンスを進行させている確かな〝目（※判断力）〟だ。


『パフォーマンスだけでいえば、ウチらの全体的なレベルがずっと上がり続けているから、これはもうガチにしんどいですよ（笑）。

でも斬り込み隊長としては1ミクロンたりともレベルを落としたくない。

そのために何を準備すればいいかもわかってるし、自分自身の〝武器〟もわかってる』

〝佐久間大介の武器〟——それは誰よりもスピーディーに動ける身体能力と体幹の強さ。

それによって他のメンバーに劣る身長や体格をカバーしている。

しかしどれほど体を鍛え、どれほど注意していても、避けられないのは〝ケガ〟だ。

中でも昨年の10月、開催延期に加えて無観客での配信ライブに変更されたデビューライブ『Snow Man ASIA TOUR 2D. 2D.』の前日、佐久間を襲ったアクシデント……。

アクロバットの要となる佐久間が、ダンスリハーサルの最中に右足を捻挫してしまったのだ。

『何が最悪かって、まずメンバーに迷惑をかけたこと。

捻挫したままでは出来ないアクロバットから抜けることで、
照とダテ様が変更したアクロバットを覚えなきゃならないこと。

前日の変更はよくあることだけど、デビューライブの見せ場を削ってしまった。

それに配信で見てくれるファンのみんなに、

「捻挫したから出来ません」……なんてプロとして恥ずかしい。

たとえどんな大ケガをしても、お金を払って見てくれるファンに損をさせるのは嫌。

ぶっちゃけ関係ないですからね、誰がケガしてようが。

見てくれるお客さんが僕らに求めるものは、いつも〝最高のパフォーマンス〟なんですから』

捻挫をしたことが――

『とにかくファンに失礼』

――だと、佐久間大介は最後まで繰り返したという。

『でもそこで感じたのは、やっぱり〝メンバーの愛〟。
僕が出来ないパートも「どうやれば遜色なく見えるか?」――を、ギリギリまで考えてくれていた。
Snow Manは〝9人が一体になって、お互いにフォローし合えるグループ〟だと、
改めてヒシヒシと感じました』

――当時の心境を語った佐久間。

全国ツアーとアジアツアーが中止になり、当初の予定から8ヶ月も遅れ、さらには無観客での配信になったデビューコンサート。

ここで「やらない」選択肢を選ぶことも出来たが、Snow Manは一生に一度の晴れ舞台に「立つ」ことを選んだ。

「ジャニーズのグループはオリジナル曲が増えるまで、先輩グループの名曲をカバーするのが常道です。しかし深澤くんから『Snow Manの楽曲だけでセットリストを組みたい』――の意見が出ると、メンバー全員一致で同調。ジャニーズJr.時代からずっとついて来てくれたファンのために『自分たちのすべてをぶつけたい』――というのが、メンバーの気持ちだったのです」(『ザ少年倶楽部』制作スタッフ氏)

リハーサルで会場入りをしたメンバーたちは、客席を埋めつくす電飾や特効の火花、さらに回転しながら移動するステージなど、Jr.時代には経験することが出来なかった演出に感激した。

『ある意味、また〝Snow Manとしてデビューした実感〟がありましたね。
だからこそ万全で、何の不安もなく斬り込みたかった』

大丈夫。リベンジの機会はすぐにやって来るのだから。
そして佐久間大介には、これからも〝斬り込み隊長〟としてSnow Manの先陣を切って、グループを引っ張っていって欲しい――。

佐久間大介フレーズ集

『ブームになったらもう終わり。
俺のヲタクとしての経験が耳元でそう囁くんだよな。
だから本当は、ずっと〝ネクストブレイク〟〝次世代エース〟状態がオイシい(笑)』

CDデビューから1年、多くの新規ファンを取り込んだSnow Man。

しかし佐久間大介に言わせると、一過性のブームに乗って人気になるよりも、常に2番手、3番手あたりのポジションで〝長く売れる〟のが一番オイシいとも。「『鬼滅の刃』も凄いブームに乗ったけど、今はかなり沈下してる。ぶっちゃけ本物のアニヲタは誰も残ってないし」——と、彼ならではの視点。

『俺は現場主義だから、何事にも〝参加してナンボ〟だし、
参加しないヤツにごちゃごちゃ言われたくない。
今は参加したくても出来ない。
こんなことはアニヲタとしての歴史で初めてだよ』

昨年からのコロナ禍で佐久間大介の〝生きる糧〟でもある『コミケ（※コミックマーケット）』をはじめ、アニメ関連のイベントは軒並み中止に。仕方がないこととはいえ、現場（※イベント）第一の彼にとっては辛い日々。「俺たちもファンのみんなに会えないし、ファンのみんなはきっとこんな気持ちなんだろうな……」と自身とファンを重ねる。

『ＳＮＳの評判は気にしない。
タダで文句言うヤツの言葉は響かない。
だから俺はファンの評判や言葉しか信じない』

このところ、あえてＳＮＳから離れる芸能人が増えていると聞く。ＳＮＳはファンサービスの貴重なツールではあるが、悪意をぶつけられる場でもあり、ほとんどのタレントは当たり前だがそれを嫌う。そんなＳＮＳを佐久間大介は「ファンだけを信じていれば平気じゃね？」——と言って笑う。

エピローグ

皆さんもよ~くご存知の、ジャニーズ事務所公認カレンダー。

毎年3月、グループごとに別々の出版社から発売される〝ドル箱〟は、これまで「目的はスキャンダル報道を封じるための利益分配」などと揶揄され続けてきた。

しかしだからといってFRIDAYやFLASHがスキャンダルを報じないかと問われれば、まったくそんなことはない。

10年前ならいざ知らず、現在のジャニーズ事務所経営陣の体制は〝スキャンダルを事前に揉み消す〟のではなく、スキャンダルを〝起こさないように教育する〟ことに力を入れているからだ。

「デビュー直前の岩本照くんが数年前の飲酒が原因で謹慎になりましたが、それから1年の間に山下智久くん、手越祐也くん、美少年の佐藤龍我くんが容赦なく謹慎処分に処され、後に山下くんと手越くんは事務所を退所。さらに極めつきは〝ジャニーズの長男〟と呼ばれ、アンタッチャブルな存在と見られていたマッチさん（近藤真彦）が無期限の謹慎処分に。いかにジャニーズ事務所のタレントとしての自覚、社会的な責任が重いのかを所属するタレントの全員に示し、改めてタレント教育の徹底がなされたと聞いています」（人気放送作家）

話は少しそれてしまったが、そんなジャニーズ事務所公認のグループ別カレンダーに今、大きな注目が集まっているという。

「ジャニーズのカレンダーは4月から3月までを1年間としていて、つまり学校のスケジュールに合わせたスクールカレンダーとして発売しています。2021年版のラインナップはHey! Say! JUMP、Sexy Zone、ジャニーズWEST、King & Prince、Snow Man、SixTONES、ジャニーズJr.、関西ジャニーズJr.の8種類。どれもファンならずとも手にしたくなる出来映えですが、それぞれの売り上げはグループの人気を示す重要なバロメーター。前評判では2020年バージョンで16万部を売り上げたKing & Princeが、〝今年もダントツの首位になるだろう〟と見られていました」

話してくれているのは、ジャニーズ事務所上層部に近い、テレビ朝日プロデューサー氏。

しかし「見られていました」とは、つまり〝違う〟と言っているに等しい。

「ええ、発売1ヶ月前の予約データでは、すでにSnow Manが昨年のKing & Princeの売り上げを大きく上回る、20万部超で1位に。King & Princeは5万部以上離された2位に甘んじているのです。Snow Manカレンダーの昨年版の売り上げは7.5万部だったので、このままいけば一気の〝3倍増〟も不可能な数字ではありません」（テレビ朝日プロデューサー氏）

写真集のようなエッセンスも含まれているとはいえ、カレンダーはカレンダー。それも1部2千500円なので、決して安くはない値段だ。

それでも昨年の3倍も売り上げているのであれば、その人気はフェイクやフロックではないだろう。

「とはいえKing & Princeにも、自分たちはジャニーズJr.時代の先輩2組を追い抜いてデビューした〝エリート〟としてのプライドがある。しかもSnow Manには、昨年はWスコア以上の差をつけて圧勝。それが接戦にすらならない大差で追い抜かれたと聞けば、内心穏やかではいられなくなるでしょう。そこでジャニーズの社員、マネージャーや周辺スタッフには、決してその結果がKing & Princeの耳に入らないよう、キツめの箝口令を敷いたそうです」（同テレビ朝日プロデューサー氏）

そしてKing & Princeよりもショックを受けそうなのが、実はSixTONESだ。

彼らの売り上げ（予約）情報は入っていないが、おそらくは〝倍以上の売り上げ差をつけられている〟との予測はつく。

さすがにカレンダー売り上げで事務所の対応が大きく変わるとは思えないが、圧倒的な人気差をつけられたことは事実。

「また、これも箝口令の対象ですが、関西ジャニーズJr.の売り上げがジャニーズJr.を〝一定数〟上回った場合、次のデビューは〝なにわ男子に決まる〟とジュリー社長が約束したとの話もあります。たかがカレンダー、されどカレンダーですね」（同前）

Ｓｎｏｗ Ｍａｎは堂々とカレンダー売り上げの1位を獲得し、自らのデビュー2年目に華を添えるだろう。

彼らを照らす、そんな強い光に導かれながら、ビクトリーロードのど真ん中を歩いて欲しい。

日本からアジアへ、アジアから世界へと続く道を――。

Snow Man
俺たちの絆

〔著者プロフィール〕
あぶみ瞬（あぶみ・しゅん）

長年、有名アイドル誌の専属ライターを務めた後、地下アイドルのプロデューサーとしても実績を残す。同時にアイドルのみならず、クールジャパン系の情報発信、評論家としての活動を始める。本書では、彼の持つネットワークを通して、Snow Manと交流のある現場スタッフを中心に取材を敢行。メンバーが語った「言葉」と、周辺スタッフから見た彼らの“素顔”を紹介している。

主な著書に『Snow Man ― To The LEGEND ― ～伝説へ～』『Snow Man ―俺たちの歩むべき道―』『SixTONES×Snow Man― go for the TOP!―』『Snow Man vs SixTONES ―俺たちの未来へ―』（太陽出版）がある。

Snow Man ―俺たちの絆―

2021年3月31日　第1刷
2023年9月30日　第3刷

著　者…………… あぶみ瞬
発行者…………… 籠宮啓輔
発行所…………… 太陽出版
〒113-0033 東京都文京区本郷3-43-8-101
電 話 03-3814-0471／FAX03-3814-2366
http://www.taiyoshuppan.net/

デザイン・装丁… 宮島和幸（ケイエム・ファクトリー）
印刷・製本……… 株式会社シナノパブリッシングプレス

ISBN978-4-86723-032-9

◆ 既刊紹介 ◆

Snow Man
—俺たちの歩むべき道—

あぶみ瞬［著］ ¥1,400円+税

『この９人から誰一人欠けることなく前に進みたい！
俺たちは“9人でSnow Man”だから――』

彼ら自身が語った言葉と、
側近スタッフが明かすエピソードで綴る！
Snow Manの今、そして未来――

【主な収録エピソード】

・メンバーしか知らない“リーダー岩本照の素顔”
・深澤辰哉と岩本照――２人の間に育まれた“深い絆”
・滝沢プロデューサー流“ラウール育成法”
・渡辺翔太が心待ちにする“後輩ライバル”
・“心友”から向井康二へのエールと絆
・櫻井翔が注目する阿部亮平の才能
・二宮和也との共演で芽生えた目黒蓮の夢
・宮舘涼太が抱えていた“笑顔”の悩み
・佐久間大介にとっての“人生の師匠”

SixTONES ×6
—俺たちの音色—

あぶみ瞬［著］ ¥1,400円+税

『SixTONESはSixTONESにしか出来ない、
SixTONESらしい活動をしていかなきゃいけない。
俺たちにしか出来ないことをやり続けたほうが
絶対に楽しいからね』〈髙地優吾〉

メンバー自身が語る想い、
それぞれの言葉に込めたメッセージ――
SixTONESの今、そして未来！

◆ 既刊紹介 ◆

Snow Man —To The LEGEND—
～伝説へ～

あぶみ瞬［著］ ¥1,400円+税

**『ライバルと戦う時間よりも実は自分自身と向き合い、
自分自身と戦う時間のほうが長い。
その覚悟が出来ていないと夢は掴めない』**〈岩本照〉

**『僕の人生は常に進行形、"ing"で生きていきたい。
"Go"はあっても"Stop"はない』**〈ラウール〉

"Snow Man の第1章"は、ここから幕を上げる——。

【主な収録エピソード】

・岩本照が名前を挙げる"具体的なライバル"
・深澤辰哉に囁かれる"ある噂"
・ラウールにまつわる"疑惑のエピソード"
・渡辺翔太が明かす"ジャニーズ伝説"の裏側
・『ドッキリGP』に懸ける向井康二の"真摯な想い"
・"クイズ王"ゆえの阿部亮平の知られざる苦悩
・目黒蓮と向井康二の間にある"互いを認め合う強い絆"
・宮舘涼太が模索する"料理キャラ"
・スーパーポジティブ佐久間大介が売り込む"めめラウ"
・Snow Manと堂本光一の"意外な関係"
・Snow Manが秘めている"新しい可能性"

太陽出版

〒113-0033
東京都文京区本郷3-43-8-101
TEL 03-3814-0471
FAX 03-3814-2366
http://www.taiyoshuppan.net/

◎お申し込みは……
お近くの書店にお申し込み下さい。
直送をご希望の場合は、直接小社宛にお申し込み下さい。
ＦＡＸまたはホームページでもお受けします。